COLLECTION
PASSARD & PERL

Programme 2019

Sciences Economiques & Sociales

Sous la direction de

Cédric Passard et **Pierre-Olivier Perl**

Maître de conférences à l'Institut d'études politiques, Lille

Professeur à l'École nationale de commerce, Paris

Élise Decosne
Professeur au lycée Grand-Air, Arcachon

Matthieu Grandclaude
Professeur au lycée Vauban, Aire-sur-la-Lys

Germain Maury
Professeur au lycée Pablo-Picasso, Perpignan

Amandine Oullion
Professeur au lycée Charles-Baudelaire, Roubaix

Sandrine Poirson-Clausse
Professeur au Lycée international, Saint-Germain-en-Laye

Ophélia Roignot
Professeur au lycée Roger Frison-Roche, Chamonix

Claire Vanhove
Professeur au Lycée franco-américain, San Francisco, États-Unis

DÉCOUVREZ VOTRE MANUEL

L'introduction au chapitre

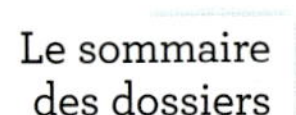

Le sommaire des dossiers

Le sommaire des autres pages du chapitre

Des questions paradoxales associées à des visuels pour susciter la curiosité

Des propositions de réponse, dont certaines fantaisistes, pour inciter à la réflexion

Les dossiers documentaires

Une courte vidéo questionnée pour illustrer ou compléter un document

Des documents variés (textes, graphiques, tableaux, statistiques), et questionnés, pour construire le savoir de façon progressive

Les définitions des mots clés

Une activité de sensibilisation ou d'application

Un bilan pour faire le point

L'essentiel

Une synthèse des connaissances du chapitre

Les définitions des mots clés du programme

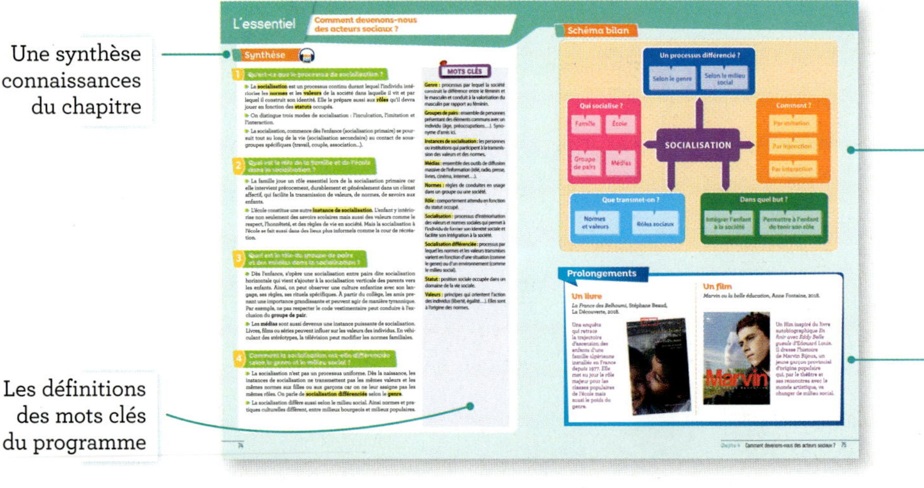

Un schéma de synthèse des notions et mécanismes à retenir

Un livre, une BD, un film ou un site à consulter pour approfondir

© BORDAS/SEJER, 2019 – ISBN 978-2-04-733660-1

Les exercices

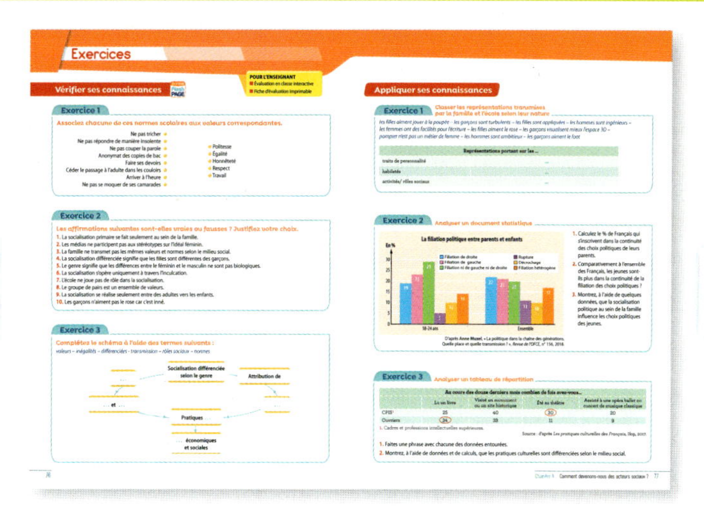

Des exercices pour réviser ses connaissances et s'autoévaluer

Des exercices pour appliquer ses connaissances

Le Lab SES

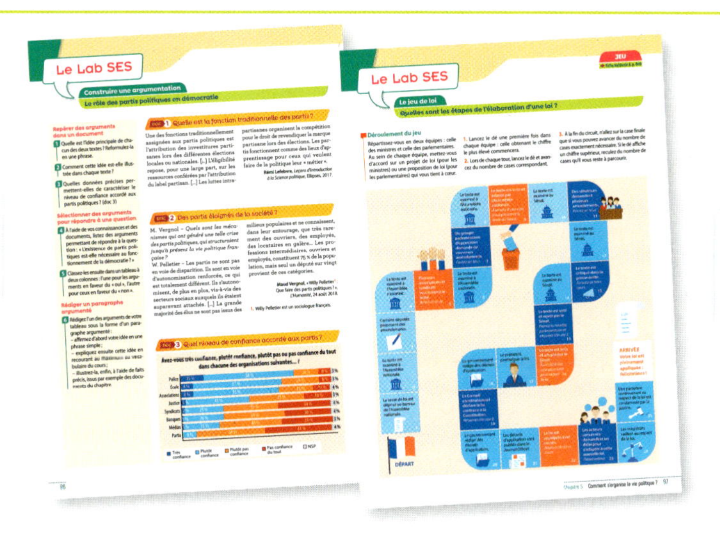

Une activité de type TD croisant un savoir-faire du programme avec une problématique du chapitre

Une activité de type TD centrée sur une compétence transversale : débat, enquête, jeu

Les SES au cinéma

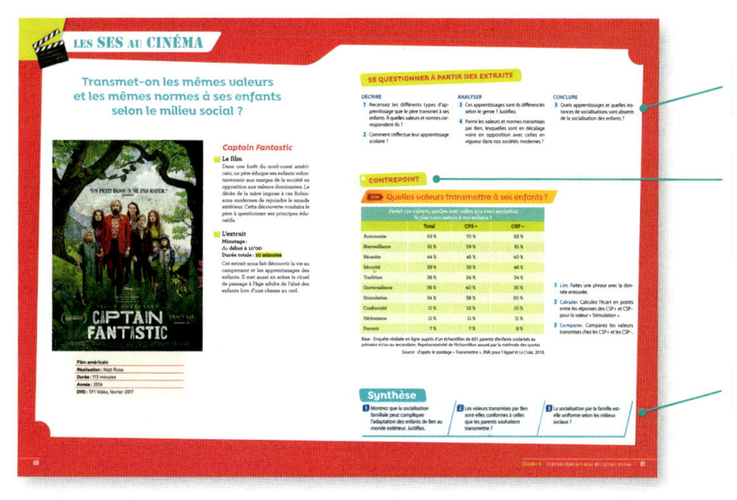

Un (ou des) extrait(s) de film ou de série pour aborder autrement une problématique du chapitre

Des questions sur l'extrait

Un document contrepoint (texte ou statistiques), pour préciser, nuancer ou contredire l'extrait

Des questions pour faire la synthèse

EN FIN DE MANUEL

Des fiches SAVOIR-FAIRE : les outils et méthodes à mobiliser en 2de, avec des exercices d'application

PROGRAMME DE SCIENCES ÉCONOMIQUES ET SOCIALES DE SECONDE GÉNÉRALE ET TECHNOLOGIQUE

BOEN spécial n° 1 du 22 janvier 2019

Les sciences économiques et sociales font partie des enseignements communs à tous les élèves de la classe de seconde. Cet enseignement vise à :
– faire acquérir aux élèves la maîtrise des notions et raisonnements essentiels en économie, sociologie et science politique ;
– permettre aux élèves de découvrir de nouveaux champs disciplinaires, que leurs études antérieures ne leur ont pas permis d'aborder, et ainsi éclairer leur choix d'enseignement de spécialité pour leur poursuite d'études dans le cycle terminal du lycée ;
– contribuer à la formation civique des élèves par une meilleure connaissance et compréhension des grands enjeux économiques, sociaux et politiques.

Dans cette perspective, les élèves sont initiés aux principales étapes d'une démarche scientifique en sciences sociales : formulation d'hypothèses, réalisation d'enquêtes ou construction de modèles, confrontation aux faits, conclusion. Ils sont familiarisés avec une démarche articulant modélisation et investigations empiriques et permettant de porter un regard rigoureux sur le monde économique et social. Ils ne confondent pas la construction de modèles avec une idéalisation normative. Ils sont sensibilisés aux spécificités disciplinaires de l'économie, de la sociologie et de la science politique ainsi qu'à la possibilité de croiser les regards de ces trois disciplines sur un thème identifié.

Les professeurs donnent du sens aux apprentissages en montrant comment les sciences sociales permettent d'éclairer des situations concrètes. Tout en diversifiant les dispositifs pédagogiques, en mobilisant des supports variés (comptes rendus d'enquêtes, tableaux statistiques, graphiques, articles de presse, études de cas, utilisation de jeux, documents iconographiques ou audiovisuels) et en ayant recours, le cas échéant, aux outils et ressources numériques, ils s'efforcent de susciter une authentique activité intellectuelle chez les élèves en les amenant à se poser des questions précises, à formuler des hypothèses explicatives et à les confronter à des données empiriques pour comprendre les phénomènes étudiés. Les professeurs veillent également à renforcer chez les élèves certaines compétences transversales : mobilisation de connaissances, analyse de documents variés, construction d'une argumentation, exercice du sens critique, sensibilité à la valeur heuristique des comparaisons, maîtrise de la langue écrite et orale.

Le programme définit ce que les élèves doivent avoir acquis à la fin de l'année. Les élèves doivent être en capacité de définir et d'illustrer les concepts qu'il contient. Ils doivent également attester des capacités à utiliser pertinemment des données quantitatives et des représentations graphiques pour exploiter des documents statistiques et pour étayer la rigueur de leurs raisonnements.

Dans le cadre de ce programme, les professeurs exercent leur liberté pédagogique, en particulier :
– pour organiser leur progression de cours sur l'ensemble de l'année scolaire en l'adaptant à leurs élèves ;
– pour articuler de façon cohérente les savoir-faire applicables à des données quantitatives et aux représentations graphiques avec le traitement du programme ;
– pour adapter leurs méthodes de travail à leurs élèves.

<table>
<tr><th>Questionnements</th><th>Objectifs d'apprentissage</th></tr>
<tr><td>Comment les économistes, les sociologues et les politistes raisonnent-ils et travaillent-ils ?</td><td>– Comprendre :
• qu'une des questions de base de l'économie est : « Qu'est-ce qu'une allocation efficace des ressources rares ? » ;
• que celles de la sociologie sont : « Comment fait-on société ? Comment explique-t-on les comportements sociaux ? » ;
• et que celle de la science politique est : « Comment se conquiert et s'exerce le pouvoir politique ? ».
– Comprendre que ces disciplines réalisent des enquêtes et utilisent des données et des modèles (représentations simplifiées de la réalité).
– À partir d'exemples, comprendre la distinction entre causalité et corrélation et savoir mettre en évidence un lien de causalité.</td></tr>
<tr><th colspan="2">Science économique</th></tr>
<tr><td>Comment crée-t-on des richesses et comment les mesure-t-on ?</td><td>– Savoir illustrer la diversité des producteurs (entreprises, administrations, économie sociale et solidaire) et connaître la distinction entre production marchande et non marchande.
– Savoir que la production résulte de la combinaison de travail, de capital, de technologie et de ressources naturelles.
– Connaître les principaux indicateurs de création de richesses de l'entreprise (chiffre d'affaires, valeur ajoutée, bénéfice).
– Savoir que le PIB correspond à la somme des valeurs ajoutées.
– Savoir que la croissance économique est la variation du PIB et en connaître les grandes tendances mondiales sur plusieurs siècles.
– Savoir que le PIB est un indicateur global qui ne rend pas compte des inégalités de revenus.
– Connaître les principales limites écologiques de la croissance.</td></tr>
<tr><td>Comment se forment les prix sur un marché ?</td><td>– Savoir illustrer la notion de marché par des exemples.
– Comprendre que dans un modèle simple de marché des biens et services, la demande décroît avec le prix et que l'offre croît avec le prix et être capable de l'illustrer.
– Comprendre comment se fixe et s'ajuste le prix dans un modèle simple de marché et être capable de représenter un graphique avec des courbes de demande et d'offre qui permet d'identifier le prix d'équilibre et la quantité d'équilibre.
– À l'aide d'un exemple, comprendre les effets sur l'équilibre de la mise en place d'une taxe ou d'une subvention.</td></tr>
<tr><th colspan="2">Sociologie et science politique</th></tr>
<tr><td>Comment devenons-nous des acteurs sociaux ?</td><td>– Savoir que la socialisation est un processus.
– Être capable d'illustrer la pluralité des instances de socialisation et connaître le rôle spécifique de la famille, de l'école, des médias et du groupe des pairs dans le processus de socialisation des enfants et des jeunes.
– Savoir illustrer le caractère différencié des processus de socialisation en fonction du milieu social, du genre.</td></tr>
<tr><td>Comment s'organise la vie politique ?</td><td>– Connaître les principales spécificités du pouvoir politique.
– Connaître les principales institutions politiques (rôle et composition) de la cinquième République et le principe de la séparation des pouvoirs (exécutif, législatif, judiciaire).
– Comprendre comment les modes de scrutin (proportionnel, majoritaire) déterminent la représentation politique et structurent la vie politique.
– Comprendre que la vie politique repose sur la contribution de différents acteurs (partis politiques, société civile organisée, médias).</td></tr>
<tr><th colspan="2">Regards croisés</th></tr>
<tr><td>Quelles relations entre le diplôme, l'emploi et le salaire ?</td><td>– Comprendre que la poursuite d'études est un investissement en capital humain et que sa rentabilité peut s'apprécier en termes de salaire escompté, d'accès à l'emploi et de réalisation de ses capabilités.
– Savoir que le manque de qualification est une cause du chômage.
– Comprendre que le salaire est déterminé par le niveau de formation.
– Savoir qu'à niveau de diplôme égal, le salaire peut varier selon différents facteurs, notamment l'expérience acquise, le type d'entreprise, le genre.
– Comprendre que les chances d'accès aux formations diplômantes sont socialement différenciées.</td></tr>
</table>

Objectifs d'apprentissage concernant l'utilisation des données quantitatives et des représentations graphiques

Calcul, lecture, interprétation :
- Proportion, pourcentage de répartition.
- Taux de variation, taux de variation cumulé, coefficient multiplicateur, indice simple.
- Moyenne arithmétique simple et pondérée.

Lecture et interprétation :
- Indice synthétique.
- Médiane.
- Valeur nominale, valeur réelle.
- Tableau à double-entrée.
- Représentations graphiques : diagrammes de répartition, représentation de séries chronologiques.

SOMMAIRE

FICHES SAVOIR-FAIRE

LES VIDÉOS DE VOTRE MANUEL

Chapitre 1

Page 14 **Faut-il accueillir les Jeux olympiques ?**

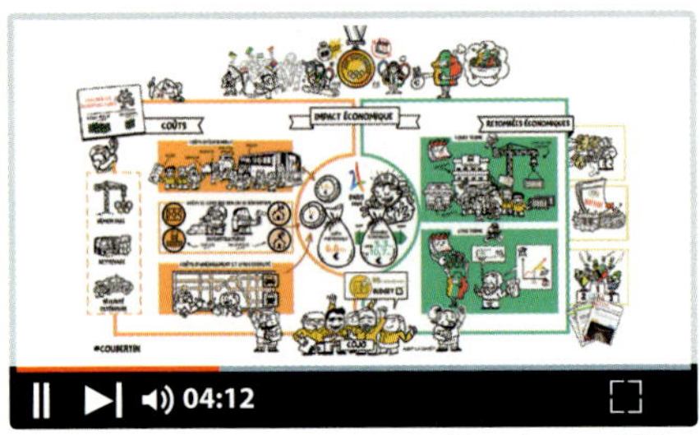

© Dessine-moi l'éco

Page 18 **Berlin, 1936 : des Jeux sous influence nazie**

© France TV Éducation

Chapitre 2

Page 30 **La fabrication du sel de Guérande**

Page 34 **Tout comprendre sur le PIB**

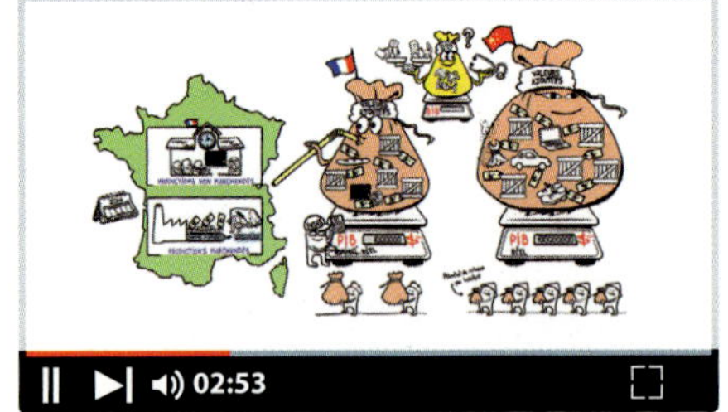

© Dessine-moi l'éco

Chapitre 3

Page 49 **Un magasin où tout est gratuit**

© Ina

Page 50 **Le pétrole est-il toujours de l'« or noir » ?**

© Dessine-moi l'éco

Chapitre 4

Page 67 Punir pour inculquer ?

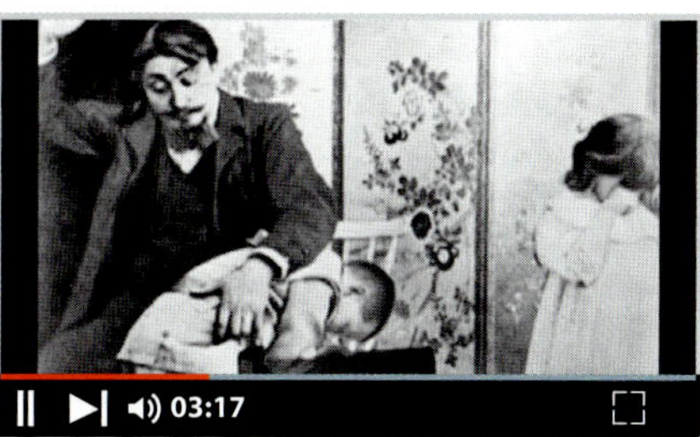

© France TV

Page 72 Qu'est-ce que le genre ?

© Centre Hubertine Auclert

Chapitre 5

Page 84 L'investiture du président, un rituel politique

Page 86 Pouvoirs et contre-pouvoirs

© Réseau Canopé

Chapitre 6

Page 104 Le coût des études aux États-Unis

© France TV

Page 106 Des études supérieures élitistes

© France TV

Identifiez toutes vos ressources numériques

Vérifier ses connaissances

Chapitre 1

Comment les économistes, les sociologues et les politistes raisonnent-ils et travaillent-ils ?

L'exemple du sport

Pourquoi les sportifs professionnels valent-ils aussi cher ?

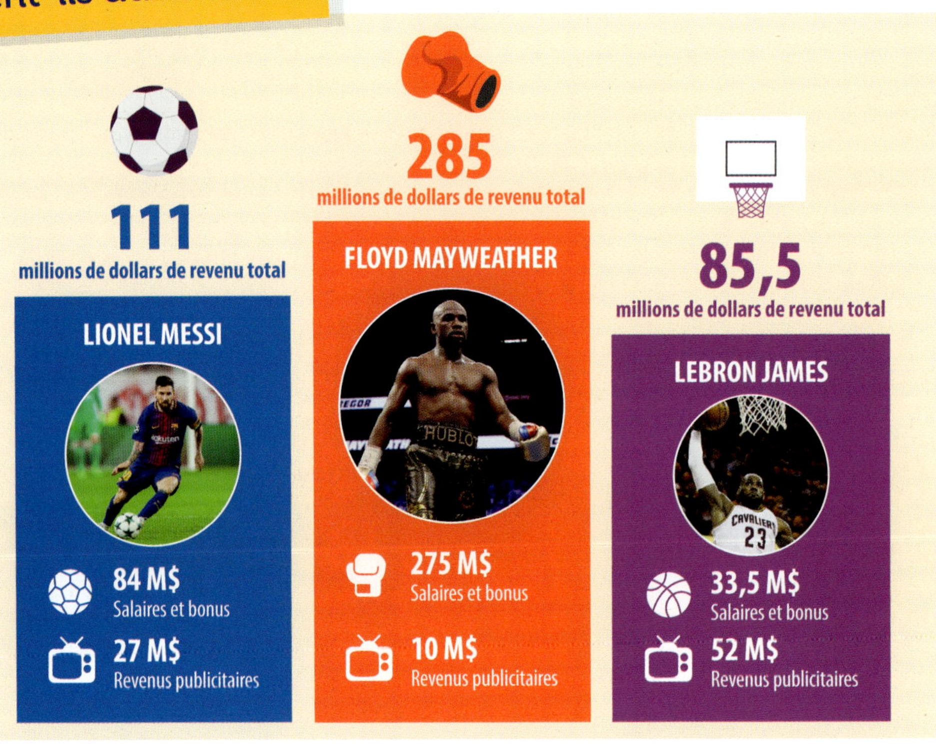

Revenus perçus entre juin 2017 et juin 2018, d'après sport24.lefigaro.fr, 2018.

a Parce qu'ils ont des familles nombreuses à leur charge.

b Parce qu'ils attirent de plus en plus de spectateurs.

c Parce qu'il y a de plus en plus de sportifs professionnels.

d Parce qu'ils ont fait de longues études pour parvenir à être sportif professionnel.

Pourquoi filles et garçons pratiquent-ils souvent des sports différents ?

a Parce que les garçons n'ont pas les qualités physiques pour faire de la gymnastique rythmique.

b Parce que les règles du football sont trop complexes pour les filles.

c Parce que la loi interdit la GR aux garçons et le football aux filles.

d Parce que les choix des sports sont influencés par la société dans laquelle on vit.

Pourquoi Emmanuel Macron a-t-il reçu les handballeuses françaises à l'Élysée ?

L'équipe de France de handball féminin, championne d'Europe en décembre 2018.

a Parce qu'il voulait remercier les joueuses d'avoir voté pour lui aux élections présidentielles de 2017.

b Parce qu'il peut tirer un profit politique (image, popularité) de les recevoir.

c Parce qu'il voulait un autographe de chaque joueuse.

d Parce que les joueuses voulaient un autographe d'Emmanuel Macron.

1 En quoi le sport est-il un fait économique, social et politique ?

Pour commencer

1 DOC Le sport, une invention récente

De nombreux sports pratiqués aujourd'hui de manière plus ou moins identique dans le monde entier sont originaires d'Angleterre, d'où ils se sont diffusés vers les autres pays, principalement pendant la seconde moitié du XIXe et la première moitié du XXe siècle. [...] À première vue, [...] il semble évident que les sociétés contemporaines ne sont ni les premières, ni les seules à trouver plaisir dans le sport. [...] On songe surtout aux Grecs de l'Antiquité, grands pionniers de l'« athlétisme » et des autres « sports » ; n'organisaient-ils pas sur une grande échelle, comme nous, des jeux de compétition locaux et entre États ? La renaissance des Jeux olympiques n'apporte-t-elle pas une preuve suffisante que le « sport » n'est pas quelque chose de nouveau ? Mais [...] les jeux de compétition de l'Antiquité classique, que l'on présente souvent comme [...] du sport, se distinguent par nombre de traits de nos compétitions sportives et se sont développés dans des conditions très différentes. [...] Les critères suivant lesquels [les participants] étaient jugés, les règles des compétitions et les performances elles-mêmes étaient très différents. [...] Les règles des rencontres athlétiques « dures », comme la boxe ou la lutte, toléraient dans l'Antiquité un degré de violence physique bien plus élevé que celui qui est admis par les règles beaucoup plus détaillées et différenciées des sports contemporains correspondants ; surtout, celles-ci ne sont pas des coutumes mais des règles écrites.

Norbert Elias, « Sport et violence », *Actes de la recherche en sciences sociales*, n° 6, décembre 1976.

Épreuve de pugilat à Olympie, dans la Grèce antique.

1 **Distinguer.** Qu'est-ce qui distingue le sport moderne des jeux antiques ?

2 **Déduire.** Peut-on dire que le sport tel que nous le connaissons aujourd'hui a toujours existé ? Justifiez votre réponse.

3 **Expliquer.** Expliquez le titre du document.

2 DOC Le sport, un phénomène économique et social massif

38,1 milliards d'€ de **dépense** sportive nationale en France

dont : **16,6 milliards** pour les ménages, **18,2** pour les administrations publiques et **3,3** pour les entreprises.

45 % des Français âgés de 16 à 80 ans déclarent pratiquer au moins une **activité sportive** plus d'une fois par mois.

Parmi eux, **72 %** pratiquent du sport au moins une fois par semaine.

12 milliards d'euros
Chiffre d'affaires du marché des **articles de sport** (fabricants et distributeurs).

18,5 millions de **licences** sportives délivrées en France.

En 1949, il n'y en avait qu'environ **2 millions.**

124 286 salariés employés dans le secteur sportif privé (clubs de sport, gestion d'installations sportives, enseignement du sport...).

+ **75 439** salariés dans les activités associées (fabrication, commerce de détail ou location d'articles de sport).

D'après *Enjeux et perspectives des industries du sport en France et à l'international*, Direction générale des entreprises, 2016, et *Les Chiffres-clés du sport*, ministère des Sports, 2017.

1 **Illustrer.** Donnez des exemples de dépenses sportives pour les ménages, pour les entreprises et pour les administrations publiques.

2 **Déduire.** Parmi les données citées, quelles sont celles qui montrent que le sport a une dimension économique ?

3 **Expliquer.** Pourquoi peut-on dire que le sport est un phénomène social massif ?

3 DOC Le sport, un enjeu politique

Le ministère chargé des Sports a la responsabilité de définir les grands objectifs de la politique nationale du sport, d'en fixer le cadre juridique, notamment à travers le code du sport, et de veiller au respect de l'intérêt général.

La politique sportive nationale se structure autour de quatre domaines d'action :

- le développement du sport pour tous, en particulier en direction des publics les plus éloignés de la pratique sportive ;
- l'organisation du sport de haut niveau, afin de maintenir le rang de la France parmi les grandes nations sportives ;
- la prévention par le sport, la protection des sportifs et la lutte contre les dérives intolérables que constituent le dopage, la violence, le racisme, la tricherie et toutes les formes de discrimination ;
- la promotion des métiers du sport et le développement de l'emploi sportif.

Ministère des Sports, www.sports.gouv.fr.

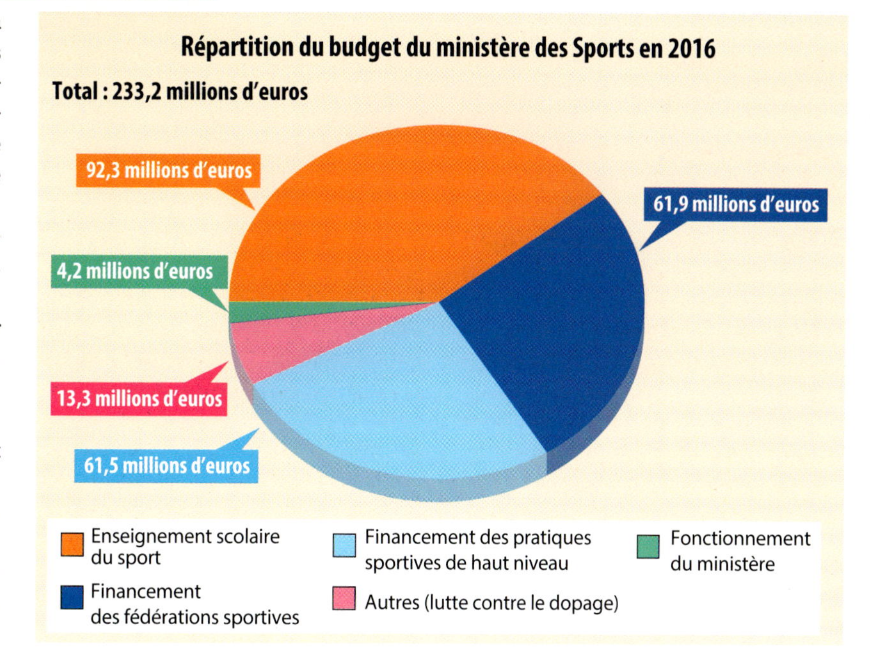

1 **Illustrer.** Donnez un exemple pour illustrer chaque domaine d'action du ministère des Sports.

2 **Expliquer.** Pourquoi le sport fait-il l'objet de règles fixées par le pouvoir politique ?

3 **Calculer.** Calculez la part en % que représente chaque financement dans le budget global.

4 **Analyser.** Déduisez du graphique les grands objectifs de la politique sportive du ministère.

4 ACTIVITÉ

Identifier les questions que se posent l'économiste, le sociologue et le politiste sur le sport

Quelles questions pourraient se poser un économiste, un sociologue et un politiste sur ces faits en lien avec le sport ? Recopiez et complétez le tableau suivant.

	L'économiste	Le sociologue	Le politiste
Le développement de la pratique du sport en France	...	...	...
La Coupe du monde de football	...	...	...

Faire le bilan

Reliez chaque événement au type de fait qu'il représente.

- Un footballeur professionnel annonce soutenir un candidat à l'élection présidentielle.
- La pratique du footing se développe dans la société française.
- La fréquentation des stades de football en France augmente de 1,5 % entre 2016 et 2017.
- Le golf est majoritairement pratiqué par des hommes de plus de 60 ans.

- Fait économique
- Fait social
- Fait politique

MOTS CLÉS À MAÎTRISER

- Fait économique
- Fait social
- Fait politique

➔ définitions p. 20

2 Comment l'économiste étudie-t-il le sport ?

Pour commencer

1 DOC L'argent dans le sport professionnel

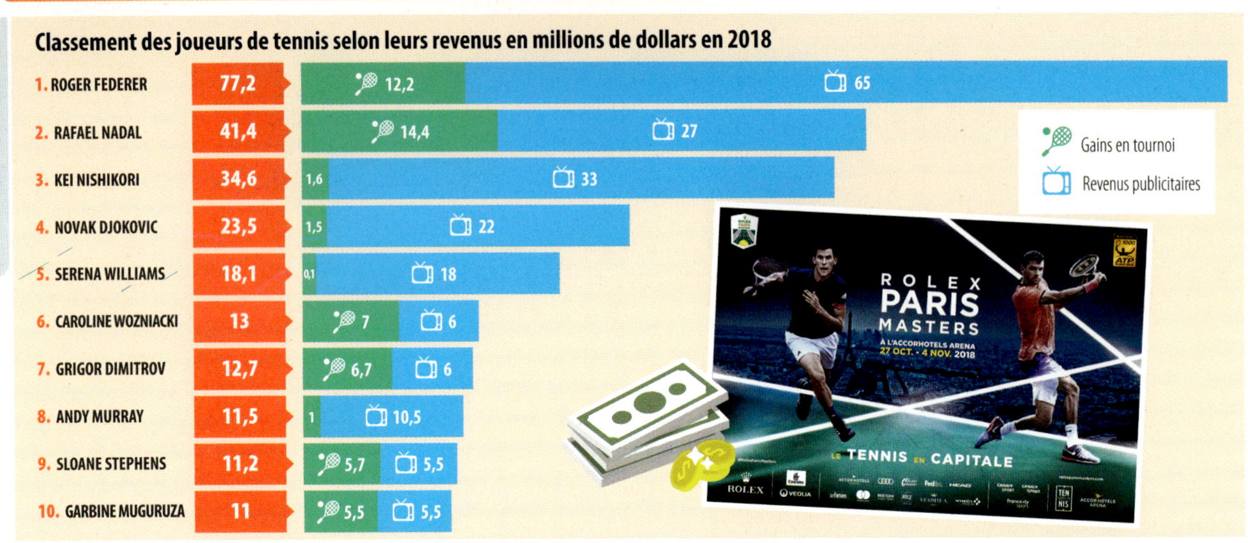

D'après Forbes.

1 Déduire. Pourquoi le tournoi de Rolex Paris Masters a-t-il besoin de sponsors ?

2 Comparer. Classez les joueurs selon leurs gains en tournoi. Que constatez-vous ?

3 Analyser. Quelle place occupent les sponsors dans le tennis professionnel ?

2 DOC L'impact du football sur l'activité économique

Comme toutes les grandes compétitions, le Mondial russe a déjà produit des effets concrets dans les rayons. Ainsi, dans ses derniers chiffres, l'Insee notait en mai que « la consommation de biens durables rebondit en mai » notamment « en raison des achats de téléviseurs ». Les prochains chiffres montreront sans doute pour juillet une jolie hausse des consommations dans les cafés.

En cas de victoire finale des Bleus, certains imaginent alors que ces effets bénéfiques vont encore s'accentuer. « Selon nos calculs, gagner la Coupe du monde rapporterait 0,2 point de consommation de plus, soit 0,1 point de croissance supplémentaire », affirme Ludovic Subran chef économiste de l'assureur-crédit Euler Hermes. Il voit ainsi la croissance grimper à 1,9 % au lieu de 1,8 % auparavant. Soit un gain non négligeable de plus de 2 milliards d'euros.

Du côté de l'Insee, on affiche davantage de prudence. En effet, le pouvoir d'achat des ménages n'est pas extensible à l'infini. Les dépenses effectuées dans la foulée du Mondial risquent fort de se substituer à d'autres.

Mathieu Castagnet, « Mondial 2018 : l'impact économique d'une victoire de la France devrait rester limité », *La Croix*, 13 juillet 2018.

1 Repérer. Quel est l'effet attendu de la victoire de l'équipe de France de football sur la croissance de l'activité française ?

2 Expliquer. Quel rôle joue la consommation dans les prévisions des économistes sur l'activité économique ?

3 Illustrer. Proposez des exemples d'effets économiques attendus de la Coupe du monde de football pour le pays organisateur.

VIDÉO bordas Flash PAGE

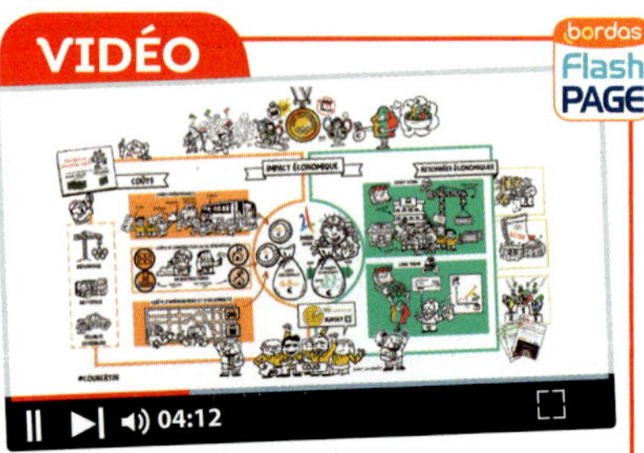

Faut-il accueillir les Jeux olympiques ?

1 Repérer. Quels sont les coûts qu'entraîne l'organisation des Jeux olympiques ?

2 Repérer. Quels sont les avantages attendus de l'organisation des Jeux olympiques ?

3 Analyser. Pourquoi est-il difficile de calculer le rapport coût-avantage d'une telle organisation ?

3 DOC Le dopage expliqué par un modèle économique

Doit-on vraiment se résoudre à des compétitions où tout le monde se dope ? C'est la question que posent les économistes Jean-François Bourg et Jean-Jacques Gouguet dans leur livre *La Société dopée*. Ils estiment qu'avec l'aide de la théorie économique, on peut expliquer ce phénomène. [Le modèle du choix rationnel] part du principe que les individus prendraient toutes leurs décisions de la manière la plus rationnelle possible, grâce à un calcul coût-avantage. Face à un choix, ils compareraient le gain apporté par un acte face au coût de son renoncement. Tant que ce dernier reste inférieur à l'utilité, un individu parfaitement rationnel opterait naturellement pour ce choix. Imaginons un sportif qui comparerait l'acte de se doper ou de ne pas le faire. Le gain de la triche-rie serait une victoire plus certaine et les avantages qui en découlent, et le coût serait le risque de se faire prendre et ses conséquences : perte des titres, perte des contrats sponsoring, lynchage public et médiatique, etc. Entre 1992 et 1995, des médecins américains ont suivi 198 sportifs de niveau mondial, de façon anonyme, à travers une enquête bisannuelle. Ils leur ont soumis le choix suivant :
1) Vous ne vous dopez pas et vous ne gagnez aucune compétition.
2) On vous fournit des substances dopantes avec la garantie de ne pas être contrôlé positif et de gagner toutes les compétitions pendant les cinq prochaines années. Mais, après cette période, des effets secondaires se feront sentir et vous risquerez une mort prématurée.
52 % du panel a opté pour le choix numéro 2. Et si l'on retire la perspective d'une mort prématurée pour ne garder que les effets secondaires et de possibles victoires, 99 % des sportifs accepteraient ce choix de bon cœur.

Pierre Rondeau, « C'est prouvé, les sportifs sont de gros tricheurs », *Slate.fr*, 5 janvier 2018.

1 **Définir.** Qu'est-ce que le dopage ?

2 **Expliquer.** Qu'est-ce qu'un choix rationnel en économie ?

3 **Déduire.** Comment les économistes expliquent-ils la pratique du dopage dans le sport ?

4 **Déduire.** Quelles mesures pourraient permettre de réduire la pratique du dopage ?

Modèle : représentation simplifiée de la réalité. L'économiste le construit pour proposer une explication des choix que font les individus.

4 ACTIVITÉ

Appliquer un choix économique à un exemple : comment allouer efficacement ses ressources

Un économiste construit le modèle suivant. Imaginons un individu dont le budget de 120 € le contraint à faire un choix de consommation simple : aller à une séance de cinéma, qui lui coûte 8 €, ou à une séance de sport, qui vaut 12 €.

1. Quelles sont les contraintes qui s'exercent sur ce consommateur pour faire son choix ?
2. Que représente la droite dans le graphique ci-contre ?
3. Représentez les droites correspondant aux modifications suivantes : son budget est divisé par deux, le prix de la place de cinéma augmente de 2 €.
4. Comment analysez-vous les deux nouvelles droites obtenues ?

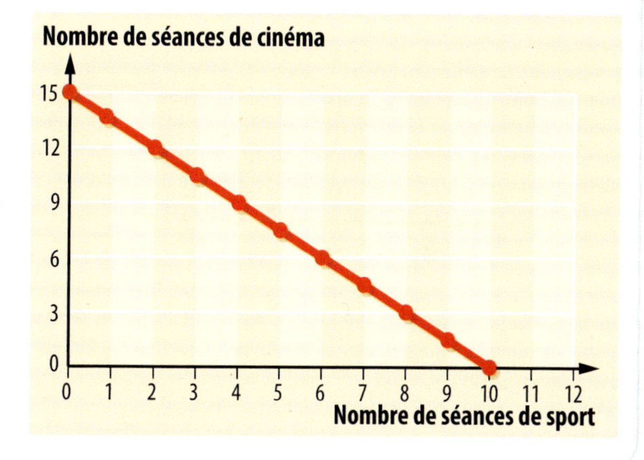

Faire le bilan

Les affirmations suivantes sont-elles est vraies ou fausses ?

1. Les sponsors occupent une place croissante dans le financement du sport professionnel.
2. Les événements sportifs n'ont pas d'effet sur la croissance économique d'un pays.
3. Le consommateur est seulement contraint par son budget dans ses choix.
4. La contrainte budgétaire est définie par le revenu d'un individu et le prix des produits.

MOTS CLÉS À MAÎTRISER

- Allocation efficace des ressources
- Science économique
- Modèle

➜ définitions p. 20

3 Comment le sociologue étudie-t-il le sport ?

1 ACTIVITÉ

Identifier les différents rôles et usages du sport dans la société

a b c d

1. Classez ces photos dans le tableau suivant. Plusieurs réponses sont possibles.

Le sport favorise l'intégration sociale	Le sport favorise la cohésion de la société	Le sport génère des conflits	Le sport transmet des valeurs aux individus
...	...	...	...

2. Proposez un autre exemple de votre choix illustrant les différents rôles ou usages du sport dans la société.

2 DOC La réussite sportive, le résultat de différences naturelles ?

Depuis le milieu des années 1980, les athlètes issus d'Afrique du Nord et d'Afrique de l'Est dominent la course de demi-fond et de fond. Posséderaient-ils un talent inné ? Leurs régions situées en altitude auraient-elles fait naître des compétences particulières ? Ou est-ce le nomadisme de certaines tribus qui aurait développé l'aptitude à la course ? Le sociologue Manuel Schotté réfute ces différentes croyances. Il propose une explication sociologique en s'appuyant sur l'exemple du Maroc. La spécialisation des jeunes Marocains en course à pied débute pendant le Protectorat français. « Elle découle d'une stigmatisation première : c'est parce que l'accès à la plupart des autres pratiques sportives lui était fermé qu'une partie de la population colonisée se reporte sur la course et y connaît des succès », souligne M. Schotté. La croyance selon laquelle les Marocains seraient doués pour la course à pied se développe et se prolonge après la décolonisation. Elle génère une politique nationale de détection et de formation de coureurs à pied à compter des années 1980. Les athlètes marocains, comme les kenyans et les éthiopiens, tous issus de milieux populaires, voient dans ce sport un facteur d'ascension sociale. Parallèlement, à partir des années 1980, nombre de coureurs européens désertent le marché athlétique international, en raison de l'émergence d'une forme de professionnalisme basée sur « une absence de salariat, des rémunérations à la prime et une distribution particulièrement inégalitaire des gains ». Ils laissent la place aux athlètes issus d'Afrique de l'Est et d'Afrique du Nord, à même d'accepter cette précarité. M. Schotté note que depuis 2005, le Maroc produit moins d'athlètes de haut rang, du fait d'un modèle de formation devenu « moins efficace ».

Diane Galbaud, « Pourquoi les coureurs africains sont-ils plus performants ? », *Sciences humaines*, n° 273, août-septembre 2015.

1 Lire. Quels préjugés sur les sportifs d'origine africaine le sociologue remet-il en cause ?

2 Expliquer. Comment le sociologue explique-t-il les performances des coureurs d'origine africaine ?

3 DOC Les déterminants sociaux des pratiques sportives

Taux de pratique sportive en 2015 (en %)								
	Ensemble	Âge		Catégorie sociale			Niveau de revenu	
		16–24 ans	65 ans et plus	Agriculteurs	Cadres	Ouvriers	20 % les plus pauvres	20 % les plus riches
Femmes	45	50	33	32	63	32	30	59
Hommes	50	63	35	37	64	39	39	60

D'après « Pratiques physiques ou sportives des femmes et des hommes », *Insee Première*, n° 1675, 2017.

Les questions que je vais poser [...] sont les questions d'un sociologue qui rencontre [...] les pratiques et les consommations sportives sous la forme par exemple de tableaux statistiques présentant la distribution des pratiques sportives selon le niveau d'instruction, l'âge, le sexe, la profession, et qui est ainsi conduit à s'interroger non seulement sur les relations entre ces pratiques et ces variables, mais sur le sens même que ces pratiques revêtent dans ces relations. [...] Comment vient aux gens le « goût » du sport et de tel sport plutôt que de tel autre, en tant que pratique ou en tant que spectacle ? Plus précisément, selon quels principes les agents choisissent-ils entre les différentes pratiques ou consommations sportives qui leur sont offertes à un moment donné du temps comme possibles ?

Pierre Bourdieu, « Comment peut-on être sportif ? », *in Questions de sociologie*, Éditions de Minuit, © 1981-2002.

1 **Lire.** Que signifient les données entourées ?

2 **Expliquer.** Comment l'auteur décrit-il la démarche du sociologue du sport ?

3 **Déduire.** Comment pouvez-vous répondre à la question soulignée dans le texte à l'aide des données du tableau ?

4 DOC Enquêter sur le milieu sportif

Souvent associée aux « jeunes de banlieue » voire aux « racailles », [...] la boxe thaïlandaise est souvent perçue comme un sport masculin et violent. [...] À partir d'une enquête [...] par observation participante et entretiens dans une salle de boxe thaïlandaise d'une banlieue populaire, [j'] analyse [...] cette pratique sportive. Dans le club étudié, les entraîneurs et une partie des boxeurs affichent un désir de respectabilité et une volonté de rompre avec l'univers de la « rue » et la « violence ». [...] Sabri, par exemple, résume ainsi l'évolution de son rapport à la pratique : « Moi au début c'était le physique et l'efficacité. Après quand t'en fais, t'es attiré par la technique et l'esthétique, tu te dis : "Ah ouais !", tu vois quelqu'un mettre un *middle* à la perfection, tu te dis : "Ah c'est comme ça que je veux le mettre maintenant !" » Les entraîneurs jouent un rôle central dans cette modification du rapport à la boxe thaï, en transmettant aux boxeurs des catégories de perception esthétiques. Lors de la fête du club [...], [le président] Fabrice lance, à plusieurs reprises, en bougeant comme s'il dansait et boxait en même temps la garde levée : « Regarde c'est de la danse ! », le sourire aux lèvres.

Akim Oualhaci, « Faire de la boxe thaï en banlieue : entre masculinité "populaire" et masculinité "respectable" », *Terrains et travaux*, n° 27, 2015/02.

NE PAS CONFONDRE

Le sociologue mène des enquêtes pour recueillir des données. Elles peuvent être **quantitatives** (enquêtes statistiques) ou **qualitatives** comme les entretiens, les récits de vie ou l'observation participante (quand le sociologue prend part aux activités des personnes étudiées).

1 **Repérer.** Quelles idées reçues sont associées à la boxe thaï ?

2 **Expliquer.** Montrez que la pratique de la boxe thaï contredit ces idées reçues.

3 **Déduire.** Quel est l'intérêt de mener ce type d'enquête qualitative par rapport à une simple enquête statistique ?

Faire le bilan

Recopiez et complétez le texte avec les termes suivants.
cohésion – comportements – exclusion – rôles – sociale – milieu

Le sport est une activité qui a différents ... et usages dans la société. Il favorise l'intégration de personnes qui souffrent d'... du fait d'un handicap. Il entraîne aussi plus de ... entre les membres de la société lors de grands événements sportifs, mêlant des personnes d'origine ... différente. Mais il est également le reflet des ... différenciés que les individus peuvent adopter, en fonction de leur sexe ou de leur ... social.

- Sociologie
- Enquête sociologique

→ définitions p. 20

4 Comment le politiste étudie-t-il le sport ?

Pour commencer

1 DOC Quand la politique fait irruption dans le sport

◀ Aux Jeux olympiques de Mexico en 1968, deux athlètes noirs américains, Tommie Smith et John Carlos, lèvent un poing ganté, symbole des « Black Panthers », pour protester contre la ségrégation raciale aux États-Unis.

▲ Des revendications pour l'indépendance de la Catalogne dans le stade du FC Barcelone en 2017.

▲ Un membre féminin des Pussy Riot, groupe d'activistes féministes russes anti-Poutine qui ont envahi le terrain de la finale de la Coupe du monde en Russie en 2018, tape dans les mains du footballeur français Kylian Mbappé.

▲ Des footballeurs américains posent un genou à terre pendant l'hymne national pour protester contre les violences policières contre les citoyens noirs aux États-Unis en 2017.

VIDÉO

bordas Flash PAGE

Berlin 1936 : des Jeux sous influence nazie

1 **Repérer.** En quoi ces Jeux ont-ils servi la propagande nazie ?

2 **Déduire.** Pourquoi y a-t-il eu un appel au boycott de ces Jeux ?

1 **Expliquer.** Montrez que le sport est un lieu d'expression politique.

2 **Analyser.** Pourquoi ces actions politiques ont-elles lieu lors de ces événements ?

3 **Illustrer.** Recherchez d'autres événements sportifs au cours desquels une revendication politique a été exprimée. Précisez le contexte, le mode d'action utilisé et les effets produits.

2 DOC Le sport dans les programmes politiques

Jean-Luc Mélenchon

Demander aux internationaux français évoluant à l'étranger et qui paient leurs impôts à l'étranger de s'acquitter d'une somme d'argent – non définie – pour pouvoir jouer en équipe nationale.

Benoît Hamon

Le sport est un « enjeu de santé publique » : idée d'étendre la pratique « aux maisons de retraites et aux entreprises ».

Emmanuel Macron

Augmenter de trois millions le nombre de pratiquants, amateurs et professionnels compris. Mettre notamment l'accent sur le sport en entreprise.

François Fillon

Création d'une agence nationale pour le développement du sport (ANDS), totalement indépendante du ministère et qui pourra bénéficier de fonds privés.

Marine Le Pen

Instauration de quotas de joueurs français (70 %) dans les effectifs des sports professionnels.

D'après « Présidentielle : les programmes sport des principaux candidats », *Le Parisien*, 21 avril 2017.

1 **Repérer.** Montrez que le sport fait l'objet de propositions politiques très différenciées selon les candidats.

2 **Illustrer.** Dans quels autres domaines les candidats font-ils des propositions lors des campagnes électorales ?

3 **Déduire.** Quelle place occupe le sport dans la hiérarchie de ces différents domaines ?

4 **Expliquer.** Pourquoi les candidats font-ils ces propositions concernant le sport ?

3 DOC Les acteurs politiques et le sport

[Les acteurs politiques] ont très vite compris l'intérêt qu'ils avaient à prendre en compte les enjeux [sportifs] dans l'exercice de leur pouvoir, mais aussi dans les stratégies visant à le conserver ou à le conquérir. Les exemples historiques ne manquent pas. [...] Des maires, des ministres, des chefs d'État assistent volontiers aux événements sportifs qui engagent « leur » territoire. Ils financent d'ailleurs en partie ces manifestations, les dirigent plus ou moins directement, y imposent en tout cas leur marque. Et quand les hommes politiques s'installent dans des tribunes sportives, c'est le plus souvent pour en tirer des profits politiques. [...] Les stades sont presque devenus un passage obligé pour un élu ou un ministre qui veut soigner son image de marque, face à une foule de spectateurs, présents dans les tribunes ou derrière un écran. Car, pour ces personnalités politiques, ils représentent en effet des milliers et parfois des millions d'électeurs potentiels. [...] Que les spectateurs et les téléspectateurs en aient conscience ou pas, il faut bien en convenir : l'arène sportive est aussi une scène politique.

André Gounot, **Denis Jallat** et **Michel Koebel** (dir.), « Quand le football devient un objet politique... », *Les Usages politiques du football*, L'Harmattan, 2011.

La présidente de la Croatie félicite un joueur de l'équipe nationale de tennis lors de la victoire de son équipe à la Coupe Davis en novembre 2018.

1 Lire. Relevez les différentes interventions des acteurs politiques dans le sport.

2 Illustrer. Que signifie la phrase soulignée ? Proposez des exemples.

3 Déduire. Pourquoi les acteurs politiques s'investissent-ils dans le sport ?

4 DOC Les prises de positions politiques des sportifs de haut niveau : des intérêts économiques et sociaux

Plusieurs footballeurs brésiliens, parmi les plus célèbres, ont affiché leur soutien au candidat Jair Bolsonaro[1], ouvertement raciste, homophobe, pro-arme, machiste et nostalgique de la dictature.

Dans ce contexte, les ralliements enthousiastes de figures du football telles que Ronaldinho, Lucas Moura, Rivaldo, Cafu ou Felipe Melo – pour ne citer que les plus célèbres – posent question. Ils ne sont pas des anomalies, ni des figures charismatiques, ils sont davantage dans l'air du temps.

Mais les clubs de foot sont plus réservés que leurs stars. [...] Le [politiste] Michel Raspaud explique que « [les] clubs ne peuvent s'engager. Au Brésil, ils sont des sociétés privées, d'une part et représentent, d'autre part, énormément pour leur *socios*[2], de père en fils ou de mère en fille ». [...]

Cette tendance au sein du football brésilien de manifester sa sympathie pour les courants et partis de droite, voire d'extrême droite, n'est pas nouvelle. Pour le [politiste] Michel Raspaud, il s'agit d'un milieu « plutôt à droite », partageant les préoccupations de la bourgeoisie à laquelle ils appartiennent tout en participant de la mouvance évangélique à laquelle beaucoup ont adhéré.

Dans un contexte où, les évangéliques incarnent 30 % de l'électorat brésilien, les footballeurs sont « représentatifs de la population ». D'abord soutenu par des « hommes, blancs, riches, éduqués », Bolsonaro a étendu son électorat y compris aux classes populaires.

Nicolas Bove, « Ronaldinho, Rivaldo, Cafu : pourquoi les stars du foot brésilien soutiennent l'extrême droite ? », *Les Inrockuptibles*, 12 octobre 2018.

1. Élu président le 28 octobre 2018.
2. Supporters.

1 Lire. Qu'ont fait certains footballeurs brésiliens au moment des élections présidentielles en 2018 ?

2 Expliquer. Comment le politiste explique-t-il cet engagement ?

3 Expliquer. Pourquoi les clubs de football ne prennent-ils pas parti ?

Faire le bilan

Recopiez et complétez le texte avec les termes suivants :
pouvoir – opinions – campagnes – programmes – politiste – popularité

Le sport est un fait étudié par le **...**. En effet, il est le lieu où s'expriment des **...** politiques. Par exemple, des sportifs peuvent exprimer une opposition au **...** en place. De plus, durant les **...** électorales, les candidats doivent faire des propositions concernant le sport dans leurs **...** pour pouvoir être élus. Enfin, les dirigeants politiques peuvent utiliser les événements sportifs pour améliorer leur image ou leur **...**.

MOTS CLÉS À MAÎTRISER

- Science politique
➡ définition p. 20

L'essentiel

Comment les économistes, les sociologues et les politistes raisonnent-ils et travaillent-ils ?

Synthèse

1 En quoi le sport est-il un fait économique, social et politique ?

▶ Le sport est un fait qu'étudient les sciences économiques et sociales car il n'est pas une activité naturelle. Il reflète les caractéristiques de la société dans laquelle il se manifeste en termes de valeurs ou d'organisation.

▶ Le sport est un **fait économique** car il génère des sommes d'argent importantes qui sont produites et dépensées. Le sport est également un **fait social** car il révèle en partie la manière dont les individus agissent dans la société. Il est enfin un **fait politique** car les hommes et femmes politiques sont amenés à le réglementer par des lois, l'utiliser lors de leurs campagnes électorales...

2 Comment l'économiste étudie-t-il le sport ?

▶ La **science économique** explique comment sont produites, réparties et utilisées les richesses dans une société. Elle étudie notamment l'**allocation efficace des ressources rares**.

▶ Concernant le sport, cela signifie par exemple que l'économiste cherche à expliquer la part du budget que les ménages consacrent au sport. Car le budget est une ressource limitée qu'un ménage peut consacrer à de multiples usages. La démarche de l'économiste consiste alors à construire un **modèle** explicatif du comportement des agents économiques.

3 Comment le sociologue étudie-t-il le sport ?

▶ La **sociologie** analyse les comportements sociaux. Concernant le sport, cela signifie par exemple qu'elle cherche à expliquer et comprendre pourquoi les individus ne pratiquent pas les mêmes sports, ou bien comment le sport favorise l'intégration à tel ou tel groupe.

▶ Pour y répondre, la démarche du sociologue consiste à établir, par des **enquêtes** quantitatives (statistiques), des **corrélations** entre des pratiques sportives et des variables comme l'âge, le sexe ou encore le milieu social. Il interprète ces corrélations à l'aide de modèles scientifiques pour identifier des **causalités**. Le sociologue recourt aussi à des techniques plus qualitatives d'enquête, comme l'entretien, l'observation, les récits de vie... afin de saisir le sens que les individus donnent à leurs conduites.

4 Comment le politiste étudie-t-il le sport ?

▶ La **science politique** répond principalement à la question de savoir comment se conquiert et s'exerce le pouvoir politique ou comment celui-ci est influencé. Le politiste étudie donc des faits strictement politiques, comme le vote ou le fonctionnement des partis politiques. Mais également les causes ou conséquences politiques de faits qui, *a priori*, n'ont rien à voir avec la politique.

▶ Concernant le sport, cela signifie par exemple étudier pourquoi les dirigeants politiques utilisent le sport à des fins électorales. Ou encore comment le sport peut être le lieu d'expression d'opinions politiques favorables ou défavorables au pouvoir politique.

MOTS CLÉS

Allocation efficace des ressources rares : choix rationnel que doit faire un individu entre différentes utilisations de ressources dont il dispose en quantités limitées.

Causalité : lien de cause à effet établi entre deux variables.

Corrélation : lien statistique observable entre deux variables.

Enquête : ensemble des dispositifs mis en œuvre par le sociologue pour recueillir des données.

Fait économique : activité qui concerne la production ou l'utilisation d'une richesse.

Fait politique : activité ayant un rapport avec le pouvoir politique.

Fait social : activité révélant la manière dont les individus se comportent dans la société.

Modèle : représentation simplifiée de la réalité afin de l'expliquer. L'économiste le construit pour proposer une explication des choix que font les individus.

Science économique : science qui étudie comment les richesses sont produites, réparties et utilisées dans une société

Science politique : science qui étudie comment se conquiert et s'exerce le pouvoir politique.

Sociologie : science qui étudie la manière dont les individus et les groupes se comportent dans la société.

Schéma bilan

Comment allouer des ressources rares ?	Comment expliquer les comportements sociaux ?	Comment se conquiert et s'exerce le pouvoir politique ?
↑	↑	↑
ÉCONOMISTE	SOCIOLOGUE	POLITISTE

SCIENCES ÉCONOMIQUES ET SOCIALES

- MENER DES ENQUÊTES
- ÉTABLIR DES LIENS DE CAUSALITÉ
- CONSTRUIRE DES MODÈLES EXPLICATIFS

Prolongements

Un livre

Affreux, riches et méchant, Philippe Guimard, Stéphane Beaud, La Découverte, 2014.

L'ouvrage propose une analyse sociologique du football professionnel, en particulier des rapports entre les médias et les footballeurs et des effets qu'ils provoquent dans l'opinion publique.

Un film

Battle of the Sexes, Jonathan Dayton et Valerie Faris, 2017.

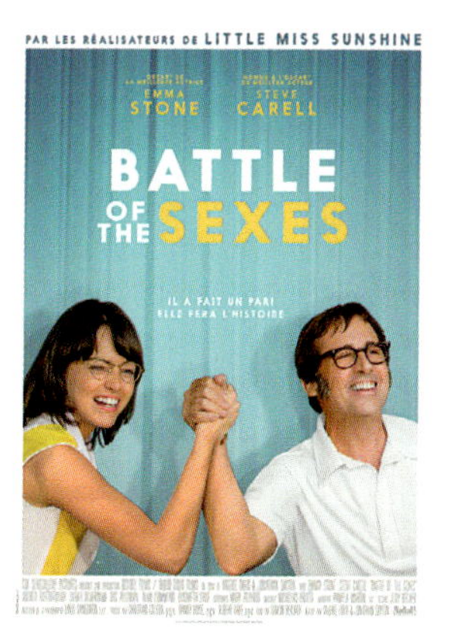

Ce film relate l'histoire vraie du combat de la joueuse de tennis Billie Jean King pour l'égalité hommes-femmes dans le sport professionnel et son match (au sens propre et au sens figuré) avec le joueur Bobby Riggs.

Exercices

Vérifier ses connaissances

POUR L'ENSEIGNANT
- Évaluation en classe interactive
- Fiche d'évaluation imprimable

Exercice 1

Choisissez la bonne réponse.

1. L'économiste, le sociologue et le politiste…
a. travaillent sur des faits différents avec des démarches différentes.
b. travaillent sur des faits différents avec la même démarche.
c. travaillent sur des faits identiques avec des démarches différentes.

2. L'économiste étudie…
a. comment des ressources rares sont allouées entre différents usages.
b. comment l'argent est économisé par les ménages.
c. comment les individus doivent dépenser leur argent.

3. Le sociologue étudie…
a. comment les différences génétiques entraînent des comportements différents.
b. comment les individus devraient éduquer leurs enfants.
c. comment se comportent les individus dans une société.

4. Le politiste étudie…
a. comment faire pour remporter des élections.
b. comment le pouvoir politique est exercé dans une société.
c. pour quel parti il faut voter aux élections.

5. Un modèle en SES est…
a. un comportement qu'il faut imiter.
b. un exemple proposé pour illustrer un comportement.
c. une représentation simplifiée de la réalité.

6. Le fait que garçons et filles ne pratiquent pas souvent le même sport est expliqué par…
a. l'économiste.
b. le sociologue.
c. le politiste.

Exercice 2

Recopiez et complétez la grille.

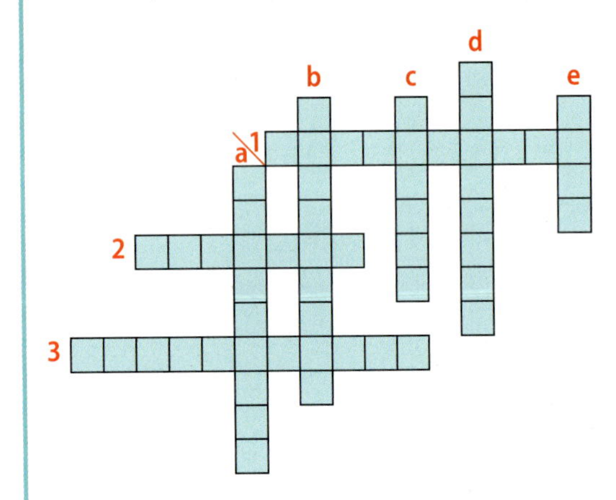

Horizontalement

1. Science qui étudie les comportements des individus en société.
2. Démarche mise en œuvre par un sociologue pour recueillir des données.
3. Lien statistique entre deux variables.

Verticalement

a. Lien explicatif entre deux variables.
b. Scientifique qui étudie comment se conquiert et s'exerce le pouvoir politique.
c. Représentation simplifiée de la réalité.
d. Science qui étudie l'allocation des ressources rares.
e. Critère utilisé par le sociologue pour étudier les différences de pratique sportive.

Exercice 3

Quelles questions se posent-ils à propos des réseaux sociaux ?

1. Pour les économistes …
2. Pour les sociologues …
3. Pour les politistes …

Le Lab SES

Repérer et interpréter corrélation et causalité

Quels sont les liens entre âge, sexe et pratique sportive ?

Comprendre les documents

1 Rédigez une phrase avec les données concernant les personnes âgées de 15 à 18 ans. (doc 1)

2 Montrez qu'il existe une corrélation entre :
– le sexe et la pratique sportive,
– l'âge et la pratique sportive.

3 Comment les adolescentes justifient-elles leur plus faible pratique sportive ? (doc 2)

Analyser les documents

4 Comment peut-on expliquer la corrélation entre l'âge et la pratique sportive ? (doc 1)

5 Repérez dans le texte le passage qui explique la valeur 78 pour les femmes âgées de 26 à 29 ans. (doc 1 et 2)

6 Quelles explications apporte le texte à la corrélation entre le sexe et la pratique sportive ? (doc 1 et 2)

Faire la synthèse

7 En associant l'analyse du texte et les données du doc 1, rédigez la réponse d'un sociologue à la question suivante : « Le sexe et l'âge sont-ils des facteurs explicatifs de la pratique sportive en France ? »

NE PAS CONFONDRE

Une **corrélation** est un lien statistique observable entre deux variables.
Une **causalité** est un lien de cause à effet établi entre deux variables.

DOC 1 La pratique sportive selon le sexe et l'âge

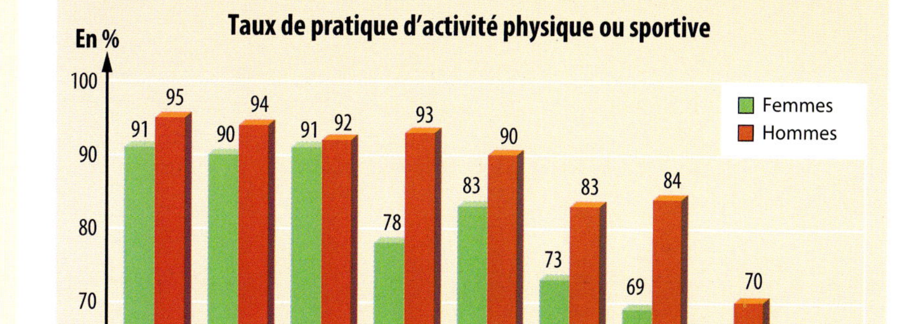
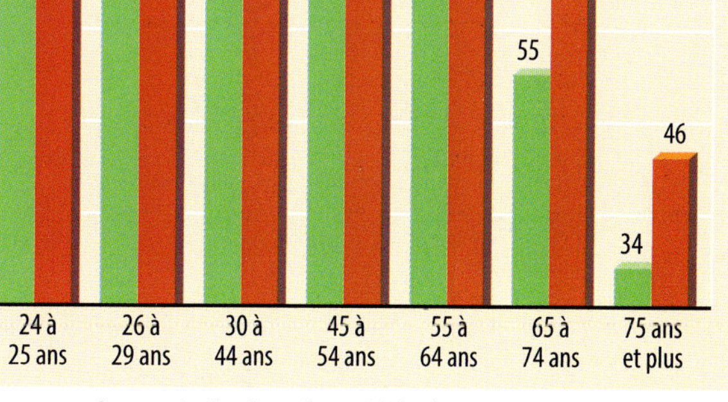

Source : *La Pratique des activités physiques et sportives en France*, CNDS/Direction des Sports/Insep, Méos, juin 2016.

DOC 2 Le sexe, un facteur influençant la pratique sportive

À l'adolescence, la pratique physique ou sportive en dehors de la sphère scolaire se fait plus rare que pendant l'enfance, en particulier chez les filles. Les raisons qu'elles évoquent sont multiples : lassitude (l'activité choisie quelques années plus tôt ne plaît plus ou est jugée trop exigeante), manque de temps, difficultés de transport ou insatisfactions liées à l'ambiance. Les jeunes filles peuvent aussi être découragées par un manque d'offre ou de créneaux horaires attrayants. Nombre d'entre elles se détournent donc du sport au profit d'autres activités plus culturelles ou artistiques. Vers 25-30 ans, période de la vie où se conjuguent souvent entrée sur le marché du travail et constitution d'une famille, la pratique sportive féminine peut être contrainte par un manque de temps. En effet, les femmes continuent de consacrer en moyenne plus de temps que les hommes aux tâches ménagères et parentales.

De plus, malgré des améliorations récentes, le sport féminin bénéficie d'une faible couverture médiatique : moins de 20 % du volume horaire des retransmissions sportives télévisuelles en 2016. Or, une forte exposition médiatique d'un événement sportif, qui plus est lorsqu'elle est associée à de bonnes performances de la part des sportifs (en particulier français), est susceptible de générer un engouement pour la pratique sportive.

« Pratiques physiques ou sportives des femmes et des hommes : des rapprochements mais aussi des différences qui persistent », *Insee Première*, n° 1 675, novembre 2017.

Comment raisonne-t-on en SES ? L'exemple des résultats scolaires

Tribeca Film Festival — Los Angeles Film Festival — Silverdocs

LE NOUVEAU FILM DES REALISATEURS DE
COMMENT TUER SON BOSS ? (SETH GORDON)
SUPER SIZE ME (MORGAN SPURLOCK)

Provocateur et irrésistible ! VARIETY ****

L'économie à rebours des idées reçues LES ECHOS ****

LE LIVRE PHÉNOMÈNE VENDU À 4 MILLIONS D'EXEMPLAIRES PARU CHEZ FOLIO

FREAKONOMICS LE FILM

AU CINÉMA LE 4 JANVIER 2012

folio vous lirez loin — EUROZOOM

Documentaire américain

Réalisation : Heidi Ewing, Alex Gibney, Seth Gordon, Rachel Grady, Eugene Jarecki, Morgan Spurlock

Durée : 85 minutes

Année : 2012

DVD : Zylo, mai 2012

Freakonomics

Le film

Adaptation au cinéma du best-seller, *Freakonomics*, de l'économiste Steven Levitt et du journaliste Stephen Dubner, ce documentaire met en scène de manière ludique le raisonnement économique pour expliquer les comportements des individus en société. En effet, de nombreuses situations sont provoquées par des incitations auxquelles répondent ou non les individus, et qui guident leurs actions. Le film présente six situations dans lesquelles six réalisateurs bousculent les évidences et les idées reçues en mêlant représentations populaires, théories socio-économiques et vérités statistiques.

Les extraits

Minutage :
de **65' à 67'**, de **69' à 71'**, de **80' à 83'**
Durée totale : 7 minutes

Est-ce que donner de l'argent aux élèves qui ont de bonnes notes encourage ceux qui en ont de mauvaises à en avoir de meilleures ? Dans cet extrait, les économistes mènent une expérience sur la réussite scolaire des élèves en étudiant l'effet d'une incitation sur leurs résultats.

SE QUESTIONNER À PARTIR DES EXTRAITS

DÉCRIRE

1 Quel est le but de l'expérience scientifique ?

2 Quelles sont les modalités de l'expérience ?

3 Comparez le profil du premier élève (Kevin) et celui du second élève (Urail). Lequel semble le plus motivé ?

ANALYSER

4 Quels sont les premiers résultats de l'expérience ?

5 À quels résultats parviennent les deux élèves ?

6 Quels sont les résultats globaux de l'expérience ?

CONCLURE

7 Comment peut-on expliquer le fait que le premier élève n'ait pas travaillé ? que le second ait travaillé ?

CONTREPOINT

DOC La réussite au baccalauréat selon l'origine sociale

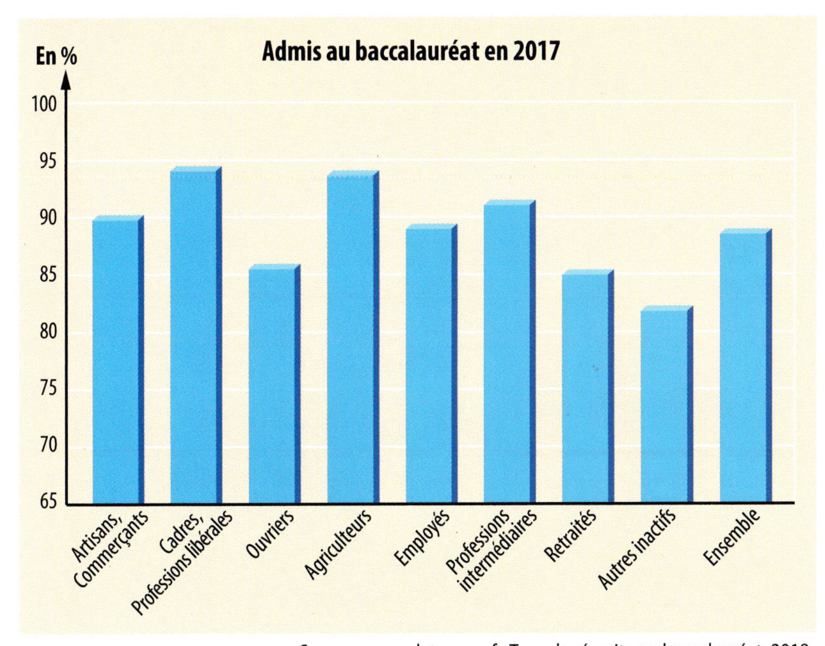

Source : www.data.gouv.fr, Taux de réussite au baccalauréat, 2018.

1 **Lire.** Donnez la signification des valeurs pour les enfants d'ouvriers puis pour l'ensemble.

2 **Expliquer.** Montrez que le taux de réussite au baccalauréat est en partie déterminé par l'origine sociale des élèves.

3 **Analyser.** Comment pouvez-vous expliquer ces différences de taux de réussite ?

Synthèse

1 Selon le documentaire, de quoi dépend en particulier la réussite scolaire des élèves ?

2 Selon le document statistique, de quoi dépend également la réussite scolaire des élèves ?

3 En quoi la mise en relation de ces deux documents permet-elle de mieux connaître les conditions de la réussite scolaire des élèves ?

Chapitre 2

Comment crée-t-on des richesses et comment les mesure-t-on ?

Pourra-t-on bientôt produire sans le travail des hommes ?

a Ce n'est qu'une question de temps, les progrès de l'intelligence artificielle sont fulgurants.

b Les robots vont prendre les emplois des hommes.

c Une entreprise sans humains est plus efficace, il y aura donc de moins en moins de travailleurs dans les entreprises.

d Il faut des employés pour s'occuper des machines.

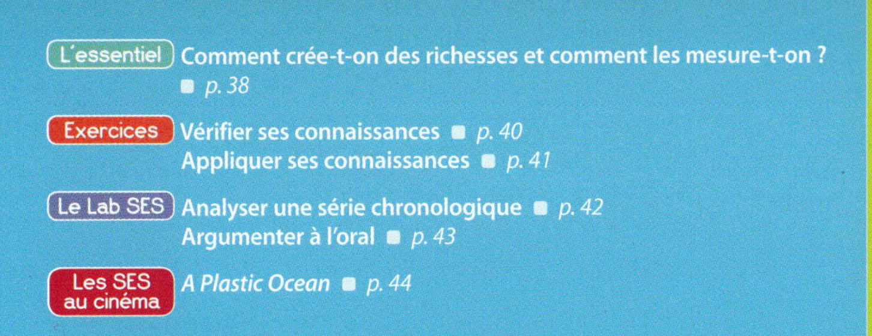

Pourra-t-on produire toujours plus ?

a Il n'y a aucune raison pour que cela s'arrête !

b La technologie procurera les moyens de produire toujours plus.

c Les ressources offertes par la planète ne suffiront plus.

d L'augmentation de la richesse sera toujours le principal objectif des pays.

La technologie va-t-elle sauver la planète ?

a Les technologies apporteront les solutions nécessaires à la préservation de l'environnement.

b La technologie détruit aussi l'environnement.

c L'homme provoque trop de dommages que la technologie doit réparer.

d La technologie n'est pas une solution, on vivait mieux avant.

1 Qui sont les principaux agents économiques producteurs de richesses ?

1 DOC La diversité de la production

1. **Décrire.** Que produit-on sur chacune de ces photos ?
2. **Déduire.** À quels secteurs d'activité appartiennent ces productions ?
3. **Comparer.** Quel est le point commun à ces activités productives ?

NE PAS CONFONDRE

Les **biens** qui correspondent aux produits matériels (automobiles, vêtements...), et les **services** qui sont immatériels et non stockables (transport, éducation, sécurité...).

2 DOC La diversité des entreprises

On désigne par le terme organisation productive toute forme de coordination en vue de réaliser une production marchande ou non marchande à partir de divers facteurs de production. [...] Ce sont les entreprises qui constituent l'essentiel des organisations productives. Une entreprise est une organisation productive, autonome, qui combine des facteurs de production afin de réaliser une production de biens et de services destinés à être vendus sur le marché. [...] Il existe une grande diversité d'entreprises.

On distingue les entreprises privées des entreprises publiques. Le statut juridique de ces dernières est variable : on trouve des sociétés de droit privé à capitaux publics (EDF, Renault, EADS, La Poste) qui ont un objectif de rentabilité, ainsi que des établissements publics qui relèvent du droit public et doivent remplir une mission de service public.

Dans le secteur privé, il faut distinguer les entreprises à but lucratif et les entreprises à but non lucratif (coopératives, associations, mutuelles). Ces dernières ne doivent pas rémunérer le capital apporté par leurs membres, qui ont un statut particulier (sociétaire de mutuelle, membre d'une association, etc.). Ces institutions visent la satisfaction de leurs membres plutôt que la recherche du profit, et elles ont parfois des missions d'intérêt général.

Alain Beitone, Emmanuel Buisson-Fenet et **Christine Dolo**, *Économie*, Sirey, coll. Aide-mémoire, 2016.

1. **Expliquer.** Comment peut-on définir une entreprise ?
2. **Expliquer.** Que signifie le passage souligné ?
3. **Déduire.** Recopiez et complétez les définitions suivantes avec les termes *marchande* et *non marchande* : La production ... est destinée à être vendue sur un marché contre un prix et la production ... est fournie gratuitement ou à un prix inférieur à 50 % du coût de production.
4. **Analyser.** En quoi les entreprises à but lucratif se distinguent-elles de celles qui ont un but non lucratif ?

En 2018, le nombre d'entreprises en France est de 4,2 millions.

3 DOC Des organisations productives à but non lucratif

Le concept d'économie sociale et solidaire (ESS) désigne un ensemble d'entreprises [privées] organisées sous forme de coopératives, mutuelles, associations, ou fondations, dont le fonctionnement interne et les activités sont fondés sur un principe de solidarité et d'utilité sociale. Ces entreprises adoptent des modes de gestion démocratiques et participatifs. Elles encadrent strictement l'utilisation des bénéfices qu'elles réalisent : le profit individuel est proscrit et les résultats sont réinvestis. Leurs ressources financières sont généralement en partie publiques. [...] L'ESS emploie 2,4 millions de salariés en France, soit 12,8 % de l'emploi privé, selon le bilan de l'emploi dans l'économie sociale en 2016, publié par Recherches et Solidarités en juin 2017. Les effectifs les plus importants évoluent dans le milieu associatif (77 %).

economie.gouv.fr/cedef/economie-sociale-et-solidaire.

1 Repérer. Quelle image correspond à une association ? une administration publique ? une coopérative ? une mutuelle ?

2 Illustrer. Que produit chacune de ces organisations ?

3 Déduire. En quoi l'Assistance publique-Hôpitaux de Paris se distingue-t-elle des autres organisations productives représentées ?

4 ACTIVITÉ

Distinguer les organisations productives

1. Recopiez et complétez le tableau à l'aide des termes suivants :
privé – public – marchande – non marchande – lucratif – non lucratif

	Production ...		Production ...
Secteur ...	But ... Entreprises privées	But ... Coopératives Mutuelles	Associations
Secteur ...	Entreprises publiques		Administrations publiques (nationales, territoriales, de sécurité sociale)

2. Donnez un exemple illustrant chaque catégorie de producteur.
3. Quelles organisations appartiennent au secteur de l'économie sociale et solidaire ?

Faire le bilan

Recopiez et complétez le tableau suivant.

Exemple	Nature du producteur	Nature de la production	Secteur (privé, public, ESS)
Leclerc			
MAIF			
UFC Que choisir			
Airbus			
CAF			

MOTS CLÉS À MAÎTRISER

- Production
- Production marchande / non marchande
- Économie sociale et solidaire

➜ définitions p. 38

2 Comment les entreprises produisent-elles ?

Pour commencer

1 DOC La fabrication du vin

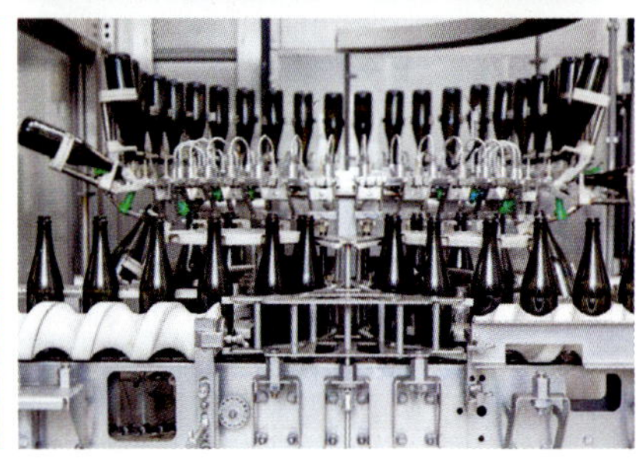

1 **Repérer.** À l'aide de quels éléments fabrique-t-on le vin ?

2 **Analyser.** Quelles différences peut-on établir entre ces différents facteurs utilisés au cours de la production ?

3 **Déduire.** Les facteurs de production peuvent-ils être substituables ?

VIDÉO

La fabrication du sel de Guérande

1 **Repérer.** À l'aide de quels éléments fabrique-t-on du sel de Guérande ?

2 **Analyser.** Quelles différences repérez-vous entre ces facteurs de production ?

3 **Déduire.** Les facteurs de production peuvent-ils être substituables ?

NE PAS CONFONDRE

Les **facteurs** sont **substituables**, lorsqu'un facteur peut être remplacé par un autre ; ils sont **complémentaires** lorsque l'utilisation de l'un nécessite l'usage de l'autre (un ouvrier et son marteau-piqueur, par exemple).

2 DOC Les différents facteurs de production

Technologie
Innovations permettant d'améliorer l'utilisation des facteurs de production

Facteur capital
Il est composé du **capital circulant** (ensemble des biens et services incorporés dans le processus productif) et du **capital fixe** (ensemble des biens d'équipement dont la durée de vie est supérieure à un an).

Facteur travail
Ensemble des activités humaines permettant la production.

Ressources naturelles
Ce sont des biens et services offerts par la nature, renouvelables ou épuisables.
Elles deviennent du capital circulant lorsqu'elles sont utilisées pour produire.

PRODUCTION DE BIENS ET DE SERVICES

1 **Analyser.** Qu'est-ce qui distingue le capital fixe du capital circulant ?

2 **Analyser.** Quelles peuvent être les conséquences d'une nouvelle technologie sur les facteurs de production ?

3 **Illustrer.** En vous appuyant sur la production textile, trouvez un exemple pour chaque facteur de production.

3 DOC La « révolution des robots »

L'agence de presse officielle Chine nouvelle vient de dévoiler deux présentateurs virtuels de journaux télévisés. [...] L'agence Chine nouvelle est très fière de cette innovation, conçue en partenariat avec une société pékinoise spécialiste de la reconnaissance vocale. Pour eux, cette invention est pratique : ces robots ne se fatiguent jamais et sont capables de travailler 24 h/24, sept jours sur sept.

La Chine investit beaucoup d'argent dans ces technologies et dans le développement de l'intelligence artificielle avec pour objectif clair de devenir numéro un en la matière. [...] Car en Chine, la population est vieillissante, la main-d'œuvre coûte de plus en plus cher, et c'est aussi une façon de moderniser l'économie chinoise. [...] Mais la télévision n'est pas le seul secteur où les robots font leur apparition en Chine. En septembre dernier, lors de la rentrée des classes, des robots avaient fait leur apparition dans certaines écoles [...] capables de poser des questions aux enfants, de distinguer une bonne réponse d'une mauvaise, de chanter [...]. Les robots sont aussi présents dans des hôpitaux chinois. Ils écoutent les patients et sont capables de délivrer des diagnostics. Et aujourd'hui ses concepteurs sont en train d'élaborer un robot juriste qui devrait être capable d'aider les juges à déterminer automatiquement le bon verdict.

Angélique Forget, « La Chine dévoile deux présentateurs virtuels de JT plus vrais que nature », www.rfi.fr, 14 novembre 2018.

1. **Analyser.** À quel facteur de production ce document fait-il référence ?
2. **Expliquer.** Pour quelles raisons la Chine souhaite-t-elle développer l'utilisation de robots dans les processus de production ?
3. **Analyser.** Pourquoi la robotisation peut-elle susciter des craintes ?
4. **Argumenter.** Ces craintes vous paraissent-elles justifiées ?

4 ACTIVITÉ

Choisir la combinaison productive

Une petite entreprise textile, spécialisée dans les vêtements féminins, s'interroge sur le choix de la combinaison productive à adopter. Voici les données dont dispose le chef d'entreprise.

Combinaison 1		
Facteur travail	Facteur capital	Quantité produite
110 heures	6	180 pièces

Combinaison 2		
Facteur travail	Facteur capital	Quantité produite
140 heures	3	100 pièces

Le coût horaire du travail est de 12,60 euros et le coût du capital est de 800 euros par machine.

MOT CLÉ

Combinaison productive : quantité de facteurs travail et capital qu'une entreprise utilise pour obtenir sa production.

1. Quel est le coût pour 100 unités avec la combinaison 1 ? avec la combinaison 2 ?
2. Comment peut-on expliquer la différence de quantité produite entre ces deux combinaisons productives ?
3. Quelle combinaison le chef d'entreprise a-t-il intérêt à choisir ?
4. L'entreprise décide de cibler une clientèle plus aisée en proposant des produits haut de gamme. En quoi cette stratégie risque-t-elle de modifier le choix de la combinaison productive ?

Faire le bilan

Recopiez et complétez le texte avec les cinq termes appropriés :
le capital fixe – le capital innovant – le capital circulant – la technologie – facteurs de production – la substitution – la complémentarité – le facteur travail

Toute production de biens et services nécessite l'emploi d'éléments appelés .... Ils se composent du travail, du capital, des ressources naturelles et de la technologie. Les biens durables utilisés dans le processus productif constituent ..., tandis que les biens et services détruits ou transformés forment .... La combinaison productive est évolutive car ... peut améliorer l'efficacité des facteurs et permettre dans certains cas ... entre certains facteurs.

MOTS CLÉS À MAÎTRISER

- Travail
- Capital (fixe et circulant)
- Technologie
- Combinaison productive
- Facteur de production
- Ressources naturelles

➡ définitions p. 38

3 Comment mesurer la richesse créée par l'entreprise ?

Pour commencer

1 DOC Chiffre d'affaires et bénéfice

La compagnie aérienne Emirates a annoncé ses résultats du premier semestre 2018. Si le groupe a enregistré une croissance constante de son chiffre d'affaires par rapport à la même période de l'année précédente, son bénéfice a souffert de l'augmentation significative des prix du pétrole et d'un effet de change défavorable sur certains marchés. Mais l'attraction de Dubaï en tant que destination reste forte puisque la compagnie a transporté 9 % de clients en plus vers son hub.

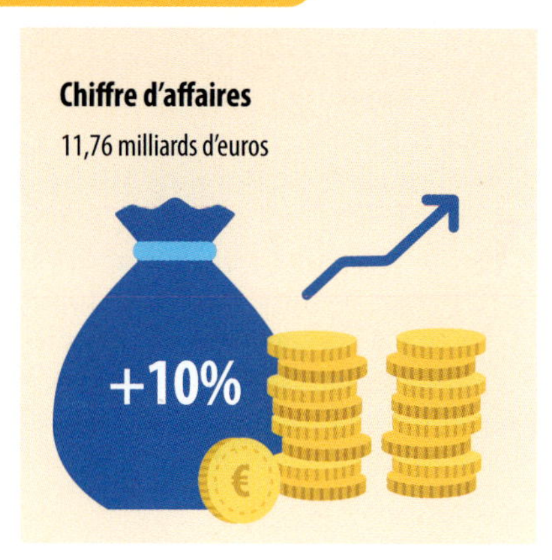

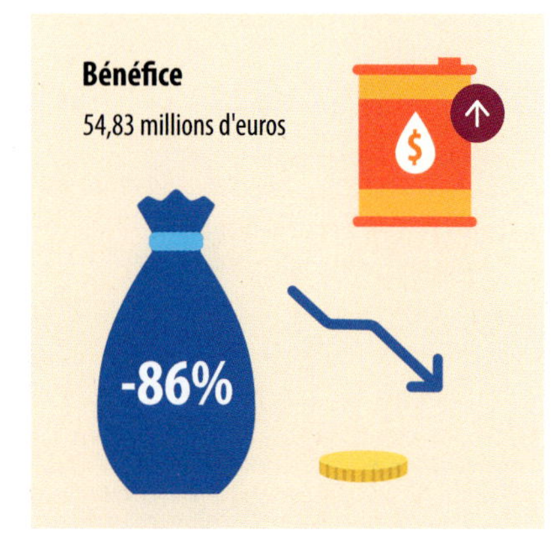

D'après www.deplacementspros.com

1 **Lire.** Comment a évolué la situation financière de la compagnie aérienne Emirates ?

2 **Analyser.** Quelle est la conséquence pour l'entreprise de l'attraction de Dubaï pour les touristes ?

3 **Analyser.** Quelle est la conséquence pour l'entreprise de l'augmentation du prix du pétrole ?

4 **Déduire.** En quoi le bénéfice se distingue-t-il du chiffre d'affaires d'une entreprise ?

2 DOC La production permet la création de valeur ajoutée

Produits achetés à d'autres entreprises = Consommations intermédiaires

Utilisation du facteur travail

Transformation par l'entreprise

Utilisation du capital fixe

Produits finis vendus sur le marché = Chiffre d'affaires

CRÉATION DE VALEUR AJOUTÉE

1 **Illustrer.** Donnez des exemples de consommations intermédiaires.

2 **Analyser.** Pourquoi les produits finis ont-ils une valeur plus élevée que celle des consommations intermédiaires ?

3 **Définir.** Comment peut-on définir la notion de valeur ajoutée ?

4 **Déduire.** Déduisez du schéma la formule de calcul de la valeur ajoutée d'une entreprise.

3 DOC De la valeur ajoutée au bénéfice

1 **Analyser.** Quel est le rôle de chacun des acteurs économiques dans le processus de production ?

2 **Expliquer.** En quoi le bénéfice se distingue-t-il de la valeur ajoutée ?

3 **Déduire.** En vous appuyant sur le schéma, proposez la formule de calcul du bénéfice de l'entreprise.

4 ACTIVITÉ

Déterminer le chiffre d'affaires, la valeur ajoutée et le bénéfice d'une entreprise

Une entreprise fabrique 10 000 *tote bags* par an qu'elle vend au prix unitaire de 6 euros aux différentes boutiques touristiques de la région. Voici ses différents coûts de production :

Les coûts de production	
Tissu coton bio et encre	12 700 €
Électricité	6 000 €
Livraison en points de vente par un transporteur	7 300 €
Salaires et cotisations sociales	22 000 €
Intérêts et dividendes versés	2 000 €
Impôts sur la production et les bénéfices	3 400 €

1. Calculez le chiffre d'affaires de l'entreprise.
2. Calculez la valeur ajoutée de l'entreprise.
3. Calculez le bénéfice de l'entreprise.

Faire le bilan

Les affirmations suivantes sont-elles vraies ou fausses ? Justifiez votre réponse.

1. La richesse créée par une entreprise se mesure par le chiffre d'affaires.
2. La valeur ajoutée s'obtient en déduisant le chiffre d'affaires des consommations intermédiaires.
3. Le bénéfice correspond à ce qui revient à l'entreprise une fois payés l'ensemble des coûts liés à la production.
4. Le bénéfice d'une entreprise peut diminuer alors même que son chiffre d'affaires augmente.

MOTS CLÉS À MAÎTRISER

- Chiffre d'affaires
- Valeur ajoutée
- Bénéfice
- Consommations intermédiaires

➜ définitions p. 38

4 Quelle est l'utilité du PIB en tant qu'indicateur de richesse ?

Pour commencer

1 DOC Le PIB mesure la richesse d'un pays

Le PIB est la valeur (en euros, en dollars, etc.) des biens et des services « finaux » produits dans l'économie durant une période donnée. Le mot important est final. Pour comprendre pourquoi, considérons l'exemple suivant. Supposons que l'économie soit constituée de deux entreprises. La firme 1 produit de l'acier. Elle le vend pour 100 € à la firme 2, laquelle produit des voitures. [...] La vente des voitures rapporte 210 €. [...] Quel est le PIB de cette économie ? Est-ce la somme des valeurs de tous les biens produits (100 € d'acier et 210 € de voitures, soit 310 €) ? Ou bien la valeur de la production des biens finaux, ici des voitures, 210 € ?

Une brève réflexion laisse à penser que la bonne réponse doit être 210€. Pourquoi ? Parce que l'acier, qui est un bien intermédiaire utilisé dans la production du bien final, les voitures, ne devrait pas être compté dans le PIB, qui mesure la valeur du produit final. On peut considérer cet exemple d'une autre façon. Supposons que les deux entreprises fusionnent, de sorte que la vente de l'acier devienne interne à l'entreprise nouvellement formée et ne soit plus comptabilisée. Nous ne verrions plus qu'une entreprise vendant des voitures pour une valeur de 210 € [...]. Mais on peut saisir de cet exemple une autre façon de concevoir le PIB. Le PIB est la somme des valeurs ajoutées créées dans l'économie au cours d'une certaine période.

Olivier Blanchard, Daniel Cohen, *Macroéconomie*, 7e édition, Pearson, 2017.

VIDÉO bordas Flash PAGE

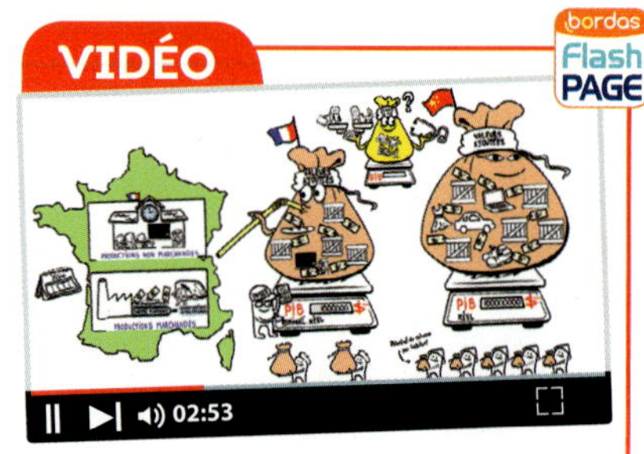

Tout comprendre sur le PIB

1 **Déduire.** Donnez d'autres exemples de valeurs ajoutées marchandes et non marchandes.

2 **Analyser.** Pour quelles raisons le PIB est-il un indicateur utile ?

1 **Définir.** Que mesure le produit intérieur brut (PIB) d'un pays ?

2 **Expliquer.** Si deux entreprises fusionnent, pourquoi l'acier n'est-il plus comptabilisé ?

3 **Expliquer.** Pourquoi faut-il calculer le PIB en additionnant les valeurs ajoutées ?

2 DOC Mesurer la croissance économique

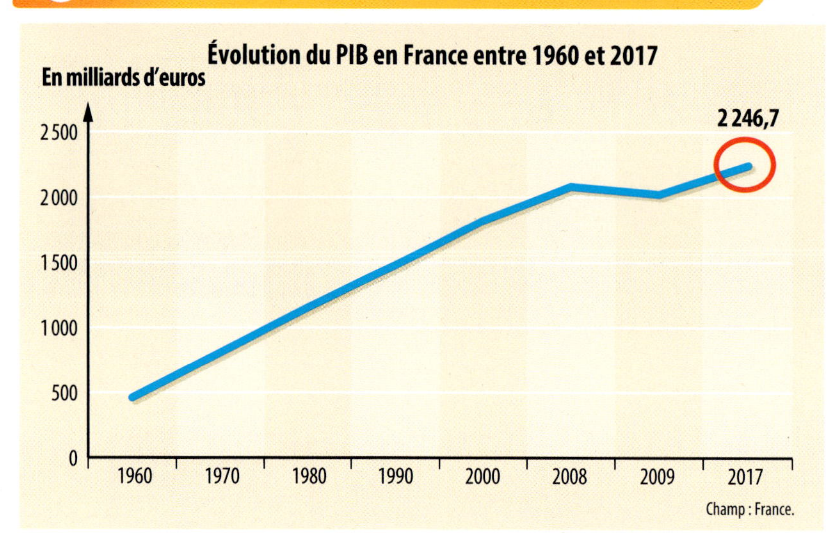

Source : Insee, Comptes nationaux, base 2014.

MOT CLÉ

Croissance économique : augmentation durable de l'activité économique d'un pays. Elle se mesure grâce au taux de variation du produit intérieur brut.

1 **Lire.** Que signifie la donnée entourée ?

2 **Comparer.** Comparez le PIB de la France en 2008 et en 2009, qu'en déduisez-vous ?

3 **Calculer.** En vous appuyant sur la définition de la « croissance économique », déterminez le calcul permettant de mesurer la croissance économique entre 2000 et 2017. (→ Fiche savoir-faire 9, p. 130)

4 **Déduire.** Complétez la phrase suivante :
La croissance économique correspond à l'... du PIB sur une période et elle se mesure par le ... du PIB exprimé en ....

3 DOC Les grandes évolutions mondiales de la croissance économique

Évolution des PIB mondiaux en milliards de dollars (PPA[1] de 2011)							
	1700	1820	1870	1913	1950	1973	2011
États-Unis	0	13	102	537	2 264	5 500	14 988
Europe occidentale	85	170	356	835	2 424	7 275	16 098
Japon	16	22	26	74	266	2050	4 590
Chine	86	238	197	250	224	676	12 770
Inde	94	115	140	212	241	537	4 632
Amérique latine	4	15	23	37	140	900	2 974
Monde	385	720	1 143	2 807	7 142	21 960	79 762

Source : **Angus Maddison**, *Économie mondiale, une perspective millénaire*, OCDE, 2001 actualisée 2012.

1. La parité de pouvoir d'achat (PPA) est un taux de conversion monétaire qui permet d'exprimer dans une unité commune les pouvoirs d'achat des différentes monnaies.

1 **Lire.** Comment le PIB a-t-il évolué en Europe occidentale entre 1700 et 2011 ?

2 **Analyser.** La croissance économique mondiale est-elle régulière depuis 1700 ? Justifiez.

3 **Analyser.** Tous les pays ont-ils connu la même trajectoire en termes de croissance économique ? Justifiez.

4 DOC Le PIB ne rend pas compte des inégalités de revenu

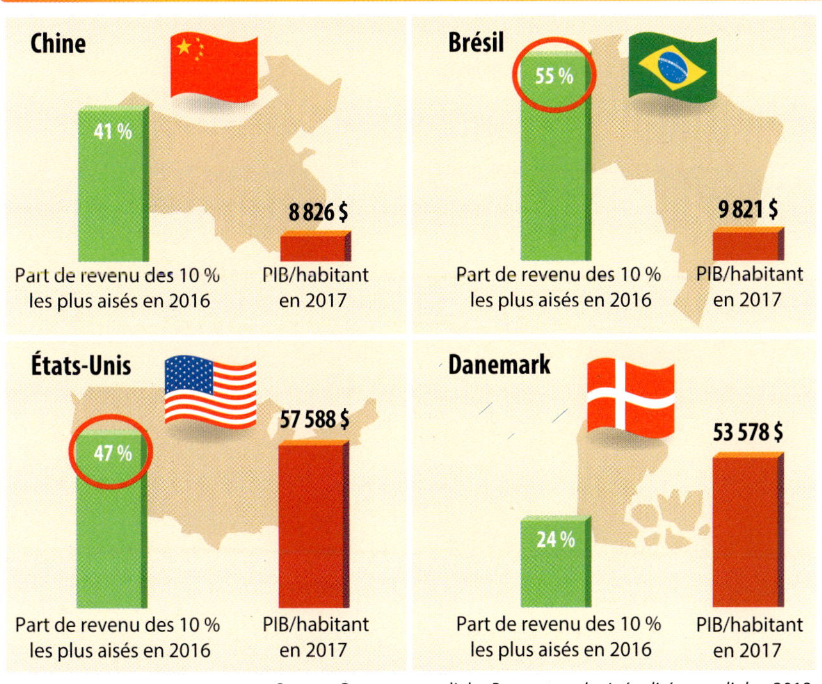

Source : Banque mondiale, *Rapport sur les inégalités mondiales*, 2018.

Le **PIB par habitant** s'obtient en divisant le PIB du pays par le nombre d'habitants.

1 **Comparer.** Comparez la richesse par habitant des différents pays. Que constatez-vous ?

2 **Analyser.** Comment peut-on interpréter les données entourées ?

3 **Déduire.** Un Américain a-t-il la même probabilité qu'un Danois d'avoir un revenu élevé ? Justifiez.

4 **Expliquer.** En quoi les données concernant le PIB par habitant peuvent-elles être trompeuses ?

Faire le bilan

Recopiez et complétez le texte avec les termes suivants :
la croissance économique – moyenne – le PIB – les inégalités de revenus – le taux de croissance du PIB

... mesure la richesse d'un pays, c'est-à-dire la quantité de biens et de services produits sur le territoire en une année. C'est un indicateur utile car ... permet de calculer ... sur une période donnée et donc le rythme d'enrichissement du pays. Il permet également d'effectuer des comparaisons et des classements entre différents pays. Néanmoins, le PIB est un indicateur global et le PIB/hab n'est qu'une .... Il ne peut donc pas rendre compte de la répartition des richesses ni mesurer ....

MOTS CLÉS À MAÎTRISER

- PIB
- Croissance économique

➜ définitions p. 38

5 Quelles sont les principales limites écologiques de la croissance économique ?

Pour commencer

1 DOC L'activité économique est responsable de la pollution

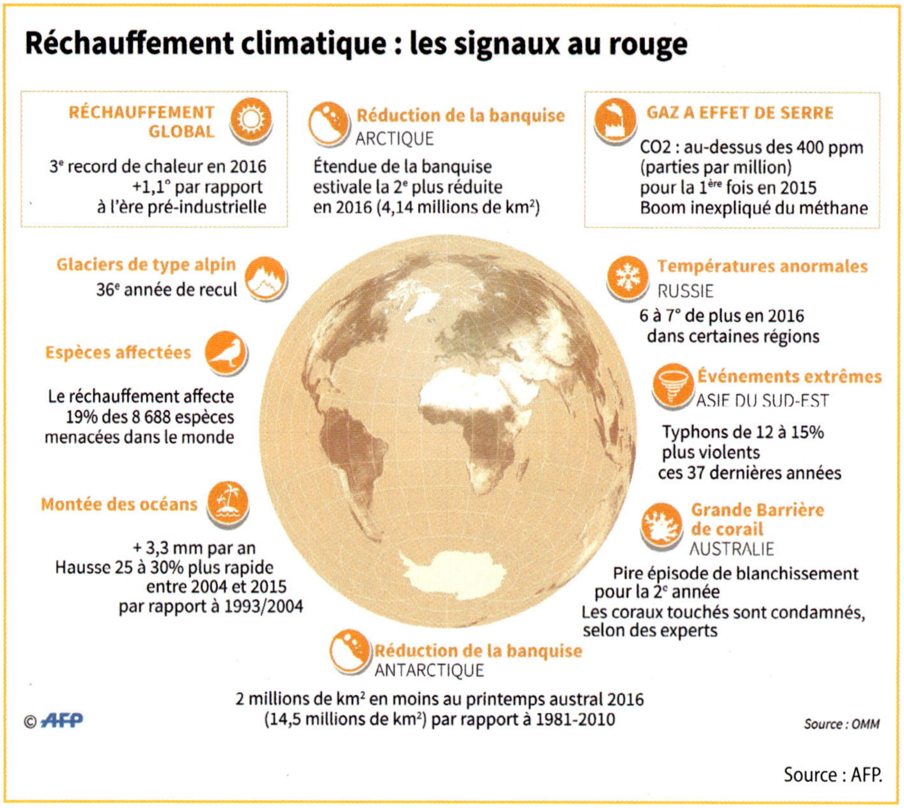

Réchauffement climatique : les signaux au rouge

RÉCHAUFFEMENT GLOBAL
3e record de chaleur en 2016
+1,1° par rapport
à l'ère pré-industrielle

Réduction de la banquise ARCTIQUE
Étendue de la banquise
estivale la 2e plus réduite
en 2016 (4,14 millions de km²)

GAZ A EFFET DE SERRE
CO2 : au-dessus des 400 ppm
(parties par million)
pour la 1ère fois en 2015
Boom inexpliqué du méthane

Glaciers de type alpin
36e année de recul

Températures anormales RUSSIE
6 à 7° de plus en 2016
dans certaines régions

Espèces affectées
Le réchauffement affecte
19% des 8 688 espèces
menacées dans le monde

Événements extrêmes ASIE DU SUD-EST
Typhons de 12 à 15%
plus violents
ces 37 dernières années

Montée des océans
+ 3,3 mm par an
Hausse 25 à 30% plus rapide
entre 2004 et 2015
par rapport à 1993/2004

Grande Barrière de corail AUSTRALIE
Pire épisode de blanchissement
pour la 2e année
Les coraux touchés sont condamnés,
selon des experts

Réduction de la banquise ANTARCTIQUE
2 millions de km² en moins au printemps austral 2016
(14,5 millions de km²) par rapport à 1981-2010

© AFP

Source : OMM

Source : AFP.

CONTEXTE

En avril 2017, la concentration de CO_2 dans l'atmosphère atteint 410 ppm (parties par million) contre 310 ppm en 1950. Les émissions de CO_2 représentent environ 65 % des émissions de gaz à effet de serre responsables de la hausse des températures.

1 **Analyser.** En quoi peut-on dire que les émissions de CO_2 provoquent des dommages environnementaux graves ?

2 **Déduire.** Selon vous, quelles sont les activités de production et de consommation responsables des émissions de CO_2 ?

3 **Illustrer.** Donnez d'autres exemples de pollutions provoquées par les activités humaines.

2 DOC Une limite écologique de la croissance

L'explosion en 2010 de la plateforme de British Petroleum (BP) Deepwater Horizon, dans le golfe du Mexique, provoqua la pire marée noire de l'histoire, avec plus de cinq millions de barils de pétrole brut déversés en cinq mois. Bien qu'il soit encore trop tôt pour prédire les effets à long terme de cette catastrophe environnementale, on peut d'ores et déjà tabler sur de lourdes conséquences, notamment sur la faune du Golfe. Plus de 400 espèces protégées vivent dans les îles et les marais exposés à la marée noire, comme la tortue de Kemp, en voie de disparition. Environ 34 000 espèces d'oiseaux ont été comptées rien que dans les réserves les plus exposées. En cinq ans, le taux de mortalité des grands dauphins de la région a été multiplié par quatre.

D'après vivredemain.fr.

La marée noire du golfe du Mexique

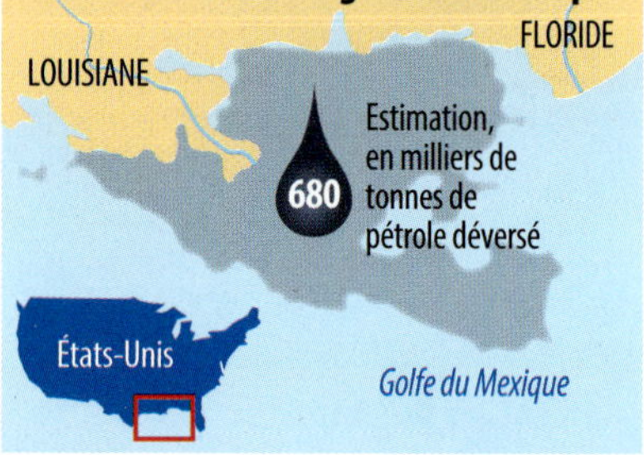

LOUISIANE
FLORIDE
680 Estimation, en milliers de tonnes de pétrole déversé
États-Unis
Golfe du Mexique

1 **Déduire.** En quoi cet accident est-il lié à l'activité économique humaine ?

2 **Analyser.** Pourquoi peut-on qualifier cet accident de catastrophe écologique ?

3 **Expliquer.** Quelles peuvent être les conséquences de cette marée noire pour l'homme ?

4 **Illustrer.** Donnez d'autres exemples d'accidents et de catastrophes industriels ayant provoqué des dommages environnementaux.

3 DOC Les activités économiques peuvent provoquer la disparition de certaines ressources naturelles

On le trouve dans le béton qui alimente, au rythme de deux tonnes par an et par être humain, un boom immobilier ininterrompu. Mais aussi dans les puces électroniques, le papier, le plastique, les peintures... [...] L'industrie le consomme en quantités croissantes, plus encore que le pétrole. [...] Cette matière première perçue comme inépuisable est restée à ce jour pratiquement gratuite. [...] Les groupes du bâtiment ont longtemps exploité les rivières et les carrières. Puis ils se sont tournés vers la mer, provoquant ce qui est en train de devenir une véritable catastrophe écologique. Car le sable joue un rôle essentiel dans la protection des côtes et l'équilibre des écosystèmes marins. [...] Petit à petit, les appétits économiques ont grignoté au moins 75 % des plages du monde et englouti des îles entières, en Indonésie et aux Maldives.

« Enquête sur la disparition du sable : qui sont les coupables ? », www.latribune.fr, 10 août 2017.

1 **Analyser.** Pourquoi le sable est-il une ressource naturelle très recherchée ?

2 **Expliquer.** Quelles sont les deux raisons invoquées pour expliquer la surexploitation de cette ressource ?

3 **Analyser.** Pour quelles raisons la surexploitation du sable est-elle un exemple de dommage écologique grave ?

4 **Illustrer.** Citez d'autres ressources naturelles exposées au problème de la surexploitation.

4 ACTIVITÉ

Argumenter pour l'agriculture conventionnelle ou pour l'agriculture biologique

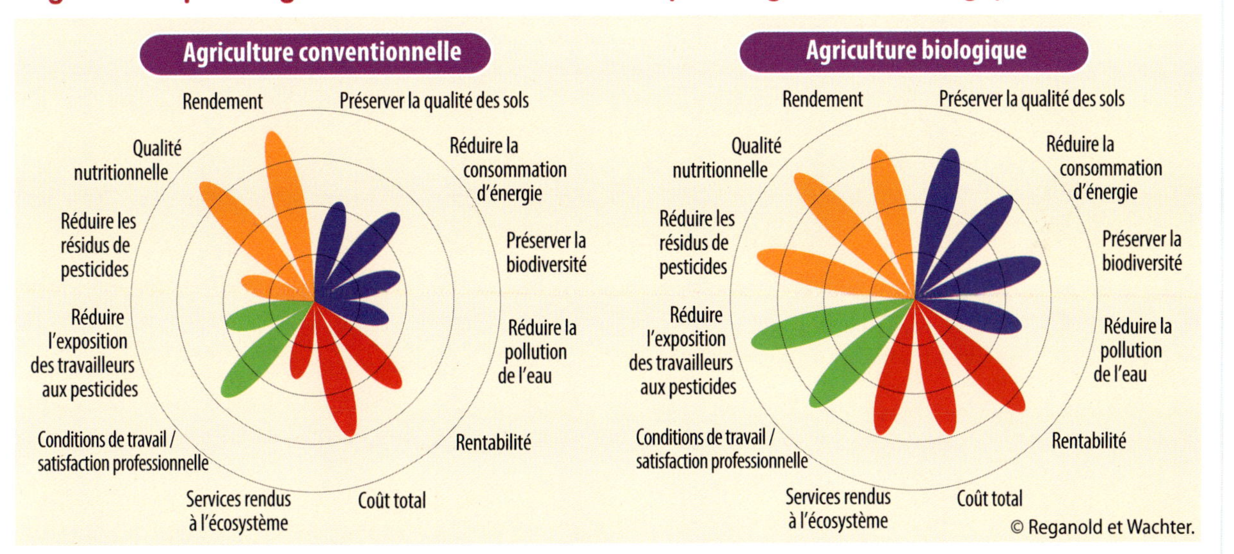

© Reganold et Wachter.

John Reganold et Jonathan Wachter, du département des sciences agronomiques de l'université de l'État de Washington, ont relu 70 études globales comparant ces dernières années les agricultures biologique et conventionnelle. Les pétales orange concernent la production, les bleus l'impact environnemental, les rouges la rentabilité économique et les verts le bien-être social.

1. Préparez des arguments en faveur de l'agriculture conventionnelle et en faveur de l'agriculture biologique.
2. Classez-les en fonction de l'importance que vous leur attribuez, en arbitrant entre l'intérêt économique de votre exploitation, l'intérêt du consommateur et l'intérêt de l'environnement.
3. Déterminez ensuite quel(le) agriculteur(trice) vous seriez.

Faire le bilan

Reliez chaque événement à sa conséquence.

Événement	Conséquence
Déforestation en Indonésie pour la culture de palmiers à huile •	• Favorise la pollution
Concentration de déchets plastiques dans les océans •	• Épuise les ressources naturelles
Explosion du réacteur nucléaire à Fukushima •	• Provoque des accidents industriels

MOTS CLÉS À MAÎTRISER

- Croissance économique
- Ressources naturelles

➔ définitions p. 38

L'essentiel

Comment crée-t-on des richesses et comment les mesure-t-on ?

Synthèse

1 Qui sont les principaux agents économiques producteurs de richesse ?

▶ Les organisations productives participent à la création des **biens** et **services** nécessaires à la satisfaction des besoins de la population. On distingue les entreprises qui fournissent une **production marchande**, dans un but lucratif, des administrations publiques et des associations qui fournissent une production **non marchande** dans une logique d'utilité sociale. L'**économie sociale et solidaire** regroupe les associations ainsi que les coopératives et les mutuelles (entreprises privées à but non lucratif).

2 Comment les entreprises produisent-elles ?

▶ Toute production nécessite de combiner des **facteurs de production** : **travail**, **capital**, **ressources naturelles** et **technologie**. L'ensemble des biens durables utilisés dans le processus productif constituent le capital fixe, tandis que les biens et services détruits ou transformés forment le capital circulant. La **combinaison productive** est évolutive car la technologie peut améliorer l'efficacité des facteurs et peut permettre leur substitution.

3 Comment mesurer la richesse créée par l'entreprise ?

▶ La **production** est en grande partie réalisée par les entreprises. La vente de leur production sur le marché représente le **chiffre d'affaires**. Pour évaluer la richesse réellement créée par l'entreprise, on calcule sa **valeur ajoutée** en déduisant les **consommations intermédiaires** du chiffre d'affaires. Cette richesse est obtenue grâce aux facteurs de production qu'il convient de rémunérer, ainsi que d'autres acteurs qui participent indirectement à la production. Lorsque l'entreprise déduit de son chiffre d'affaires l'intégralité des coûts générés par la production, elle calcule son **bénéfice**.

4 Quelle est l'utilité du PIB en tant qu'indicateur de richesse ?

▶ Le **PIB** mesure la richesse d'un pays, c'est-à-dire la quantité de biens et de services produits sur le territoire en une année. Son taux de variation permet de calculer la **croissance économique** sur une période donnée, et donc le rythme d'enrichissement du pays, et d'effectuer des comparaisons entre pays. Mais le PIB est un indicateur global et le PIB par habitant une moyenne qui ne rend pas compte des inégalités de revenus.

5 Quelles sont les principales limites écologiques de la croissance économique ?

▶ L'activité productive connaît des limites écologiques. Certaines activités causent des dommages graves : **pollution** de l'air, des sols, de l'eau... La croissance économique peut s'accompagner d'un épuisement de ressources naturelles non renouvelables (pétrole, sable, par exemple) ou d'une surexploitation des ressources renouvelables (faune et flore). La production peut être à l'origine d'accidents et de catastrophes aux conséquences durables ou irréversibles.

MOTS CLÉS

Bénéfice : gains (ou pertes) réalisés par l'entreprise à l'issue de la production.

Capital : ensemble des biens et services nécessaires pour produire. Il se compose du capital circulant (les biens et services incorporés dans le processus productif) et du capital fixe (les biens d'équipement).

Chiffre d'affaires : revenu obtenu par la vente de la production.

Combinaison productive : quantité de travail et de capital utilisé pour produire.

Consommations intermédiaires : biens et services incorporés ou détruits lors du processus de production.

Croissance économique : augmentation durable de l'activité économique d'un pays.

Économie sociale et solidaire (ESS) : organisations privées qui produisent des biens et des services dans une logique de solidarité et d'utilité sociale (associations, mutuelles, coopératives et fondations).

Facteur de production : ressources nécessaires pour produire.

Production (au sens économique) : activité socialement organisée, destinée à créer des biens et des services.

Production marchande : production vendue sur un marché contre un prix.

Production non marchande : production fournie gratuitement ou à un prix inférieur à 50 % du coût de production.

Produit intérieur brut (PIB) : indicateur mesurant la richesse, c'est-à-dire la quantité de biens et de services produits sur un territoire au cours d'une année.

Ressources naturelles : richesses issues de la nature, renouvelables ou épuisables.

Technologie : ensemble des innovations permettant d'améliorer l'utilisation des facteurs de production.

Travail : ensemble des activités humaines permettant la production.

Valeur ajoutée : richesse effective créée par l'entreprise lors du processus de production. C'est la différence entre chiffre d'affaires et consommations intermédiaires.

Schéma bilan

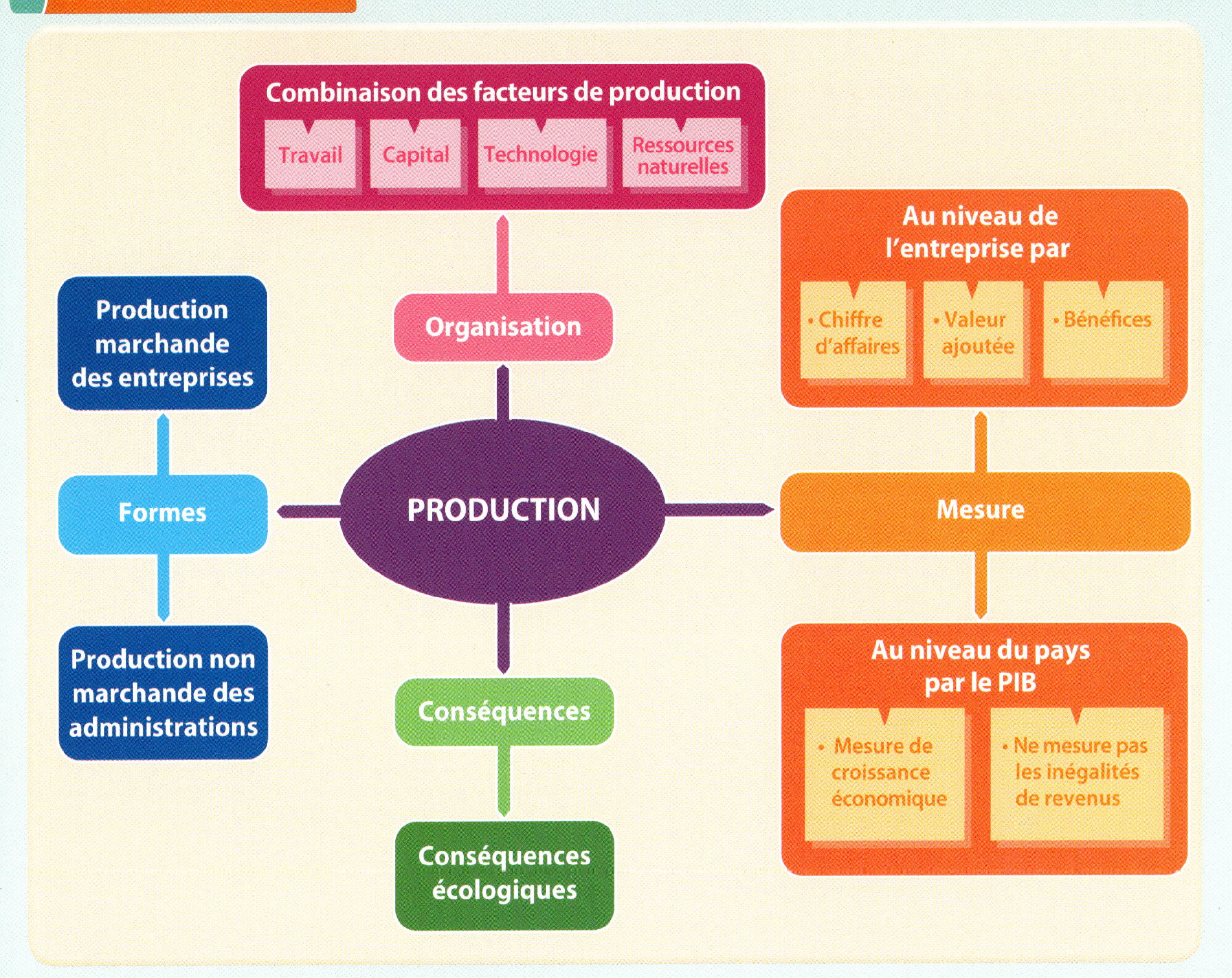

Prolongements

Une bande dessinée

Les entreprises libérées,
Benoist Simmat,
Philippe Bercovici,
Les Arènes, 2016.

À la rencontre d'un véritable mouvement de libération au sein des entreprises françaises et belges, visant à réconcilier le travail et le bonheur parmi tous les collaborateurs.

Un concours

« Créons ensemble »

Un concours pour s'impliquer dans la création ou la reprise d'entreprise sous l'égide du rectorat de l'académie de Bordeaux, du Conseil régional, des chambres de commerce et d'industrie et des entreprises partenaires régionales.

Exercices

POUR L'ENSEIGNANT
- Évaluation en classe interactive
- Fiche d'évaluation imprimable

Vérifier ses connaissances

Exercice 1

Indiquez pour chaque exemple s'il s'agit d'une production marchande ou non marchande.

1. Une course en taxi
2. Une visite aux Urgences de l'hôpital
3. Un repas aux Restos du cœur
4. Un déjeuner au restaurant
5. Un contrat d'assurance à la MAIF
6. Un emprunt de livre à la bibliothèque municipale
7. Un billet d'avion pour Dubaï
8. La délivrance d'une carte d'identité par la mairie

Exercice 2

Reliez les notions aux propositions correspondantes.

Notions	Propositions
Chiffre d'affaires •	• Évalue la production réalisée sur le territoire
Valeur ajoutée •	• Évalue la valeur de la production
Bénéfice •	• Évalue le rythme d'enrichissement d'une économie
PIB •	• Évalue la richesse créée par l'entreprise
Croissance économique •	• Évalue les gains ou les pertes de l'entreprise

Exercice 3

Ces affirmations sont-elles vraies ou fausses ? Justifiez votre réponse.

1. Lorsqu'une entreprise achète une nouvelle machine pour produire, elle achète du capital fixe.
2. Le capital circulant est constitué en partie par les matières premières nécessaires à la production.
3. On calcule la valeur ajoutée en additionnant les recettes liées aux ventes.
4. La croissance économique est un phénomène ancien que l'on peut observer depuis plusieurs siècles.
5. Le PIB par habitant est un bon indicateur de la façon dont sont réparties les richesses dans une économie.
6. La disparition de certaines ressources naturelles, comme le sable par exemple, est liée à la production.

Exercice 4

Choisissez la bonne réponse et justifiez votre choix.

1. La croissance économique est-elle un phénomène relativement *récent/ancien* ?
2. Sur le long terme, l'évolution de la croissance économique en France a-t-elle été plutôt *régulière/irrégulière* ?
3. Les différents pays ont-ils connu une trajectoire de croissance économique *semblable/différente* ?
4. La croissance économique est-elle une cause *majeure/mineure* du réchauffement climatique ?

Appliquer ses connaissances

Exercice 1 Choisir la combinaison productive

Une entreprise a le choix entre différentes façons d'organiser sa production selon le site qu'elle retient.

	Nombre de salariés	Coût mensuel d'un salarié	Nombre de machines	Coût mensuel d'une machine
Site A	300	1 700 €	20	1 800 €
Site B	300	1 500 €	20	1 800 €
Site C	360	1 100 €	18	1 600 €
Site D	400	800 €	12	1 200 €

1. Quelle combinaison l'entreprise peut-elle écarter *a priori* ? Justifiez votre réponse.
2. Quelle combinaison l'entreprise devrait-elle choisir ? Justifiez votre réponse.
3. Le site D se trouve à l'étranger, il convient d'ajouter 80 000 € de frais de transport. Est-ce que cet élément modifie le choix de l'entreprise ?
4. Le gouvernement exonère les entreprises d'une partie des cotisations sociales, ce qui réduit le coût du travail de 10 % sur les sites A, B et C. Est-ce que cet élément modifie le choix de l'entreprise ?

Exercice 2 Calculer le chiffre d'affaires, la valeur ajoutée et le bénéfice

Passionné(e) de cuisine et souhaitant proposer aux étudiants une nourriture saine à un prix accessible, vous envisagez d'ouvrir un food-truck et de vous installer à proximité de l'université de votre ville. La banque accepte de vous accorder votre prêt dont les intérêts s'élèvent à 300 € par mois. Vous lancez donc votre activité. Voici le bilan de votre première année :

Vente de soupes : 30 000 €	Fruits et légumes frais : 20 000 €	Emballages divers : 6 000 €
Vente de salades : 15 000 €	Farine, œufs, sucre et autres ingrédients : 15 000 €	Salaire : 15 000 €
Vente de sandwichs : 20 000 €	Carburant : 6 000 €	Cotisations sociales : 30 % du salaire
Vente de pâtisseries : 20 000 €	Frais pour la place de parking et l'accès à l'électricité : 8 000 €	Impôts : 3 000 €

1. Quel chiffre d'affaires avez-vous réalisé la première année ?
2. Quel est le montant de votre valeur ajoutée ?
3. Votre activité est-elle rentable ?

Exercice 3 Calculer le chiffre d'affaires et le bénéfice

Vous êtes déçu(e) par les résultats de cette première année d'activité et vous pensez pouvoir faire mieux. Vous analysez vos postes de dépenses et vous cherchez des solutions pour réduire vos frais d'emballage. Un de vos amis, très engagé dans la protection de l'environnement, vous suggère de vous différencier de vos concurrents en proposant un nouveau concept : les consommateurs qui viendront avec leur propre contenant (en verre ou autre matière durable) bénéficieront d'une réduction sur leurs achats. Cette idée connaît un grand succès.

1. Vos ventes ont augmenté de 10 % pour cette deuxième année d'activité. Quel est votre chiffre d'affaires à présent ?
2. Parallèlement, vous avez réussi à réduire vos dépenses d'emballage de 80 %. Quel est le montant de vos frais d'emballage à présent ?
3. Sachant que vos autres coûts sont restés inchangés, à combien s'élève votre bénéfice à présent ?
4. Quelle est l'évolution en pourcentage de votre bénéfice entre la 1re année d'activité et la 2e ?

Le Lab SES

SAVOIR-FAIRE
➡ Fiche 7, p. 126

Analyser une série chronologique

Comment étudier les chiffres de l'évolution de la richesse en France ?

Présenter un document
➡ **Voir étapes 1et 2 de la fiche 7 p. 126.**

1. Présentez le doc 1.
2. Présentez le doc 2 et montrez son intérêt par rapport au doc 1.

Analyser les documents
➡ **Voir étape 3 de la fiche 7 p. 126.**

3. Comment le PIB français a-t-il évolué entre 1950 et 2017 ?
4. Quelles sont les deux grandes périodes identifiables ?
5. L'évolution du PIB est-elle régulière ? Peut-on identifier des périodes de crise économique ?
6. Les États-Unis ont-ils connu une crise similaire à celle de la France en 2009 ?
7. Le PIB américain a-t-il suivi la même évolution que celui de la France dans les années qui ont suivi cette crise ?

Synthétiser les informations apportées par les documents

8. Quelles sont les principales caractéristiques de la croissance économique française entre 1950 et 2017 ?

MOT CLÉ

Une **crise économique** désigne un ralentissement brutal, voire une baisse de l'activité économique.

DOC 1 Évolution du PIB en France

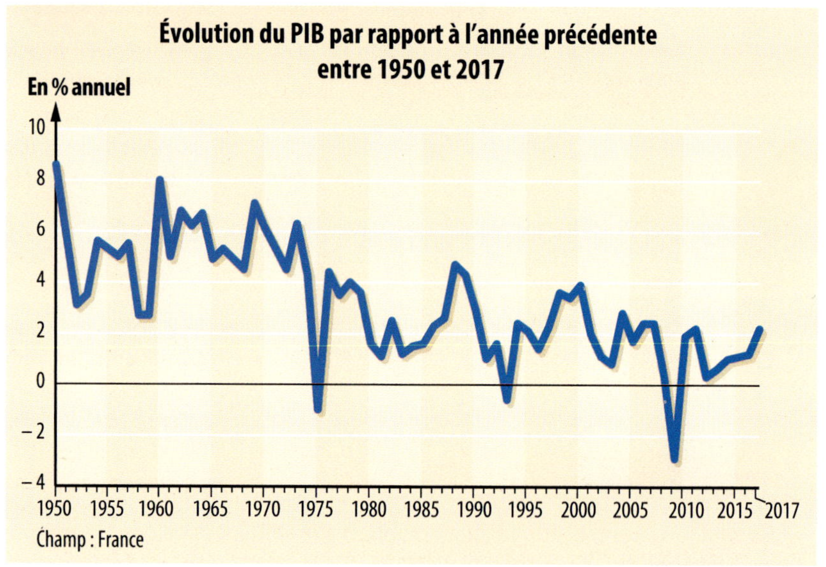

Source : Insee, Comptes nationaux, base 2014.

DOC 2 Croissance annuelle du PIB en France et aux États-Unis

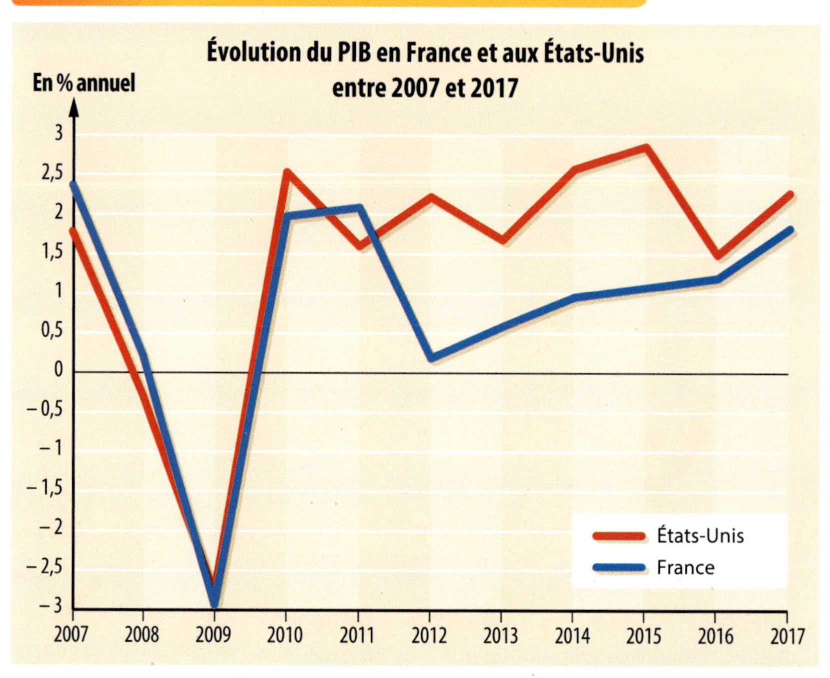

Source : Banque mondiale.

DÉBAT

Le Lab SES

Argumenter à l'oral

La technologie peut-elle sauver la planète ?

DOC 1 Les microalgues contre le réchauffement climatique ?

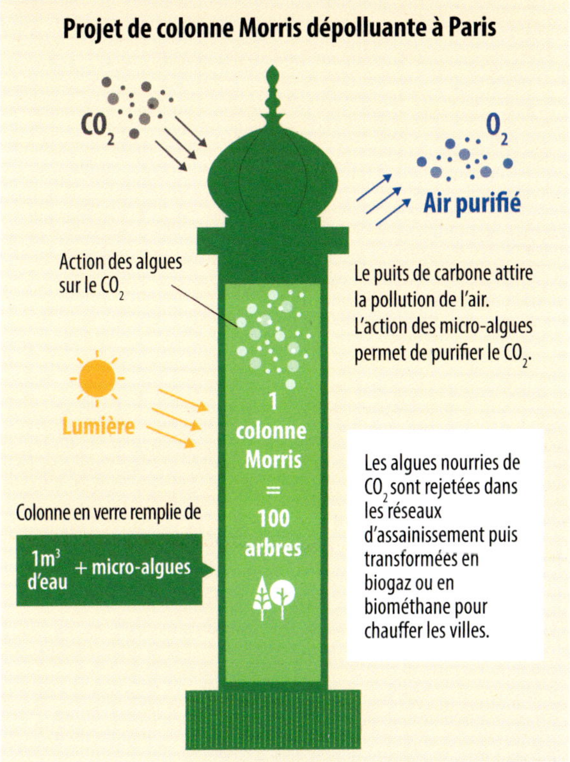

Projet de colonne Morris dépolluante à Paris

CO_2

O_2

Air purifié

Action des algues sur le CO_2

Le puits de carbone attire la pollution de l'air. L'action des micro-algues permet de purifier le CO_2.

Lumière

1 colonne Morris = 100 arbres

Colonne en verre remplie de

1m³ d'eau + micro-algues

Les algues nourries de CO_2 sont rejetées dans les réseaux d'assainissement puis transformées en biogaz ou en biométhane pour chauffer les villes.

Sources : d'après Suez environnement, Fermentalg, Idix.

Selon les concepteurs de ce dispositif, un puits de carbone permet de fixer une quantité de CO_2 équivalente à celle de 100 arbres.

DOC 2 La géo-ingénierie pour sauver la planète ?

La géo-ingénierie est une tendance de la recherche qui vise à développer des techniques permettant de modifier le climat à grande échelle. [...] Parmi ces techniques envisagées, on trouve la capture et le stockage du carbone, donc, mais aussi d'autres choses plus étranges : la fertilisation des océans (pour développer des algues permettant de stocker de grandes quantités de CO_2), la pulvérisation de soufre dans l'atmosphère (qui permettrait de réduire l'éclairement en surface de la Terre), l'envoi dans l'espace d'écrans pour réduire les rayons du soleil, la peinture en blanc des surfaces urbanisées et même la modification de l'axe de la Terre. La géo-ingénierie, c'est l'idée que la lutte contre le dérèglement climatique passera par un changement du système de la Terre et que ce sont les technologies qui vont nous permettre d'effectuer ce changement. [...] Pourquoi tout cela est inquiétant ? [...] Parce que la plupart de ces technologies sont incertaines, non seulement dans leur possibilité, mais dans leur efficacité et dans leur conséquence. Certaines ne sont pas très compliquées et bon marché (comme la pulvérisation de soufre dans l'atmosphère). D'autres sont compliquées (changer l'axe de la Terre). Mais les conséquences de toutes sont potentiellement gigantesques, inimaginables et touchent à tous les aspects du fonctionnement terrestre. Parce que la croyance en la géo-ingénierie a une grande vertu : elle est déculpabilisante et incite, paradoxalement, à l'inaction.

www.franceculture.fr.

Déroulement de l'activité

1. Par groupes de quatre, les élèves choisissent (ou se voient attribuer) un point de vue à défendre : pour (ou contre) l'utilisation de la technologie pour lutter contre les problèmes environnementaux.

2. À l'issue du temps de préparation, chaque groupe désigne deux « porte-paroles ».

3. De nouveaux groupes sont constitués avec des « porte-parole » (un par point de vue) et deux « arbitres » devant lesquels ils échangent et opposent leurs arguments.

4. À l'issue des échanges, les arbitres s'accordent pour désigner le porte-parole le plus convaincant.

Préparation de l'argumentaire

Analyser les documents

1 Avant d'analyser les documents, listez les éléments qui correspondent au point de vue que vous devez défendre en vous appuyant sur vos connaissances.

2 Dans les documents, identifiez les arguments permettant de défendre votre thèse.

3 Complétez votre réflexion par d'autres exemples que ceux des documents.

Élaborer des arguments

4 Formulez l'idée sous forme d'affirmation.

MÉTHODE

Pour réussir son oral, il faut expliquer chaque argument en le reliant à la thèse à présenter, illustrer les explications et s'exprimer avec clarté, sans lire ses notes.

5 Proposez une explication.

6 Illustrez à l'aide d'un exemple.

Faire le bilan du débat

7 Les arguments présentés étaient-ils reliés à la thèse défendue ?

8 Les explications et les illustrations étaient-elles pertinentes et présentées de façon convaincante ?

La croissance économique est-elle compatible avec la préservation de l'environnement ?

Documentaire britannique
Réalisation : Craig Leeson
Durée : 102 minutes
Année : 2016
DVD : Passion River, 2017

A Plastic Ocean

Le film

Ce documentaire témoigne en images de l'accumulation de déchets plastique dans les mers et les océans. Il insiste plus spécifiquement sur les dangers liés aux microplastiques qui envahissent les espaces maritimes autour du globe et contaminent la chaîne alimentaire, du zooplancton jusqu'à l'homme.

Les extraits

Minutage :
de **26'24 à 32' 30**, de **1' 22' 05 à 1' 26**
Durée totale : 10 minutes

Le premier extrait s'intéresse plus particulièrement à la pollution des océans par la propagation de microplastiques qui remontent la chaîne alimentaire jusqu'à l'homme.

À travers l'exemple de l'Allemagne, ce second extrait présente les solutions envisageables pour que nos déchets plastique cessent de finir dans les océans.

SE QUESTIONNER À PARTIR DES EXTRAITS

DÉCRIRE

1 Que deviennent les déchets plastique ?

2 En quoi consiste l'expérience menée en Allemagne depuis le début des années 1990 ?

ANALYSER

3 Quelle est l'origine de cette pollution ? Quels dommages cause-t-elle ?

4 Le plastique peut-il être une source de richesse pour l'économie ?

CONCLURE

5 Quels sont les comportements que le consommateur peut adopter pour contribuer à la réduction de l'utilisation du plastique ?

CONTREPOINT

DOC Quand ma polaire était une bouteille

Contrairement à l'économie linéaire, typique des processus issus de la révolution industrielle qui produisent des déchets en quantité illimitée, l'économie circulaire veut les limiter au maximum. Pour cela, elle transforme les déchets en ressources. [...] Léger, solide, transparent, imperméable à l'eau, aux gaz ou aux odeurs, le plastique PET (polyéthylène téréphtalate) a été introduit en 1992 dans l'industrie de l'eau minérale et des boissons type soda. Grâce à ces qualités, il a rapidement remplacé les bouteilles en PVC, moins solide, qui risquait donc de se casser ou de se fendre, occasionnant des fuites et des coupures. Outre ces qualités, le PET présente un avantage de taille : c'est un matériau 100 % recyclable, et ce plusieurs fois. Il préfigure véritablement l'économie circulaire. De ce fait, le PET est rapidement devenu le matériau le plus recyclé au monde. Actuellement, chaque Français « consomme » 15 kg par an de plastiques recyclables. Pour valoriser ce matériau, les industriels du plastique et de l'agroalimentaire ont mis en place une véritable filière du tri, de collecte et de recyclage. La France compte à elle seule plus de 270 centres de tri et on dénombre plus de 20 usines de recyclage en Europe. Grâce au recyclage du PET, on fabrique de nouvelles bouteilles d'eau ou de soda, mais aussi des fibres textiles, des moquettes, des blisters, des sièges, des mousses, etc. Par exemple, avec 17 bouteilles d'1,5 litre, on fabrique un oreiller, avec 5,5 bouteilles, un coussin de voyage. Et pour la fourrure polaire qui nous tient chaud l'hiver, il faut compter 27 bouteilles.

Pour l'Éco, n° 1, septembre 2018.

1 **Lire.** En quoi l'économie circulaire s'oppose-t-elle à l'économie dite linéaire ?

2 **Analyser.** En quoi le PET est-il un bon exemple d'économie circulaire ?

3 **Illustrer.** Représentez sous forme de schéma les étapes de l'économie circulaire en utilisant les termes suivants : *distribution – collecte – conception – matières premières – fabrication, consommation – recyclage.*

Synthèse

1 Quelle conséquence écologique ce documentaire présente-t-il ?

2 Selon le texte, quelle solution les sociétés peuvent-elles encourager ?

3 La croissance économique peut-elle être « réconciliée » avec la préservation de l'environnement ?

Chapitre 3

Comment se forment les prix sur un marché ?

En 2019, pourquoi M'Bappé vaut-il plus cher que Giroud ?

a M'Bappé a mis plus de buts en équipe de France que Giroud.

b M'Bappé est plus puissant que Giroud.

c M'Bappé est plus demandé que Giroud.

d M'Bappé est mieux coiffé que Giroud.

Pourquoi ne pouvez-vous pas vendre votre manuel de SES au prix d'un million d'euros ?

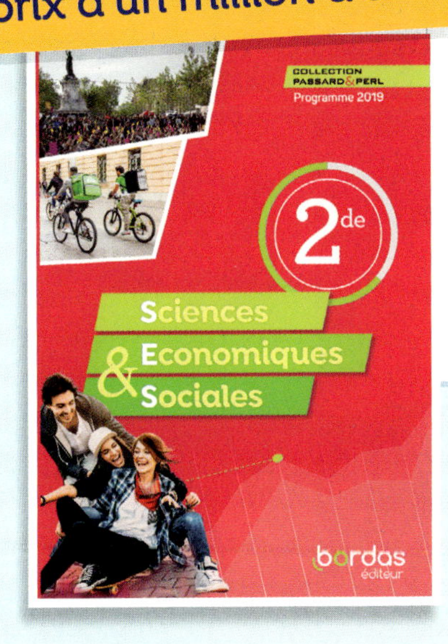

- **a** Parce qu'il vaut beaucoup plus.
- **b** Parce qu'il a une valeur sentimentale inestimable.
- **c** Parce qu'à ce prix personne ne l'achètera.
- **d** Parce que vous en avez encore besoin.

Où se trouve le marché de l'immobilier ?

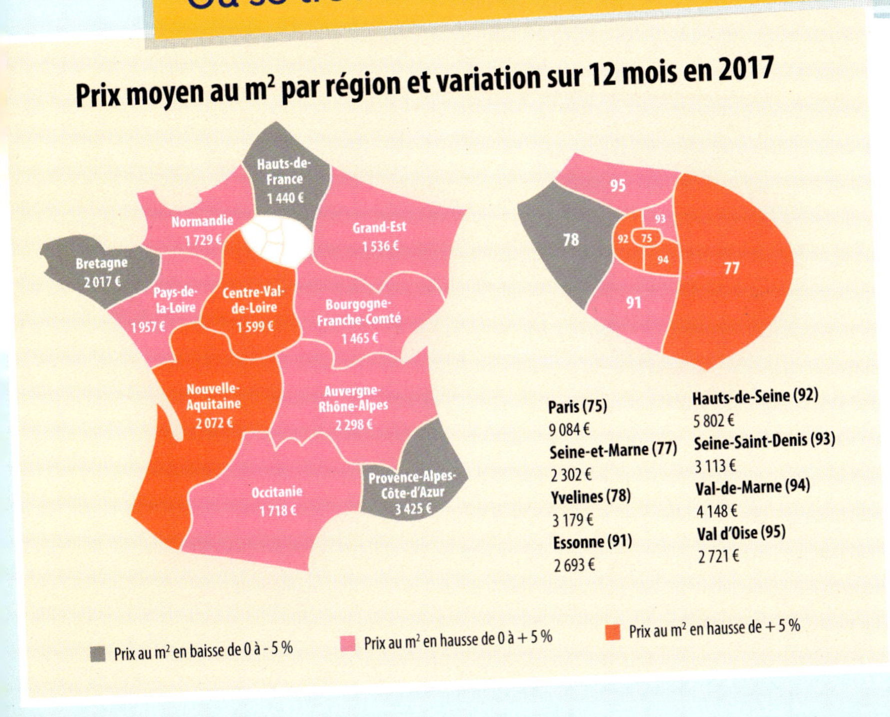

- **a** À la Bourse de Paris.
- **b** Dans les agences immobilières.
- **c** Sur Internet.
- **d** Nulle part en particulier.

1 À quoi servent les marchés ?

Pour commencer

1 DOC Le marché prend plusieurs formes

Un marché à Beaune, en Côte-d'Or.

La Bourse Euronext, place financière européenne.

Un *Job dating* à Marseille.

1 Déduire. Pour chacun des marchés représentés, quel est le produit échangé ?

2 Analyser. Quels sont les points communs entre ces trois marchés ?

MOT CLÉ

Marché : lieu de rencontre fictif ou réel entre l'offre et la demande, qui sert à échanger des marchandises contre un prix.

2 DOC Le marché n'est pas toujours au coin de la rue

Les chefs d'entreprise, les journalistes, les politiciens et les simples consommateurs parlent sans cesse des marchés : marché du pétrole, marché immobilier, marché boursier, marché du travail, sans oublier les marchés distribuant toutes sortes de produits et services. Pourtant, ce qu'ils entendent par le mot « marché » est souvent vague ou trompeur. Les marchés sont en général au cœur des analyses, c'est pourquoi les économistes, lorsqu'ils emploient ce terme, s'efforcent de définir clairement ce qu'il recouvre. [...] Un marché est un groupe d'acheteurs et de vendeurs qui déterminent par leurs actions effectives ou potentielles le prix d'un bien ou d'un ensemble de biens. Sur le marché des ordinateurs individuels, par exemple, les acheteurs sont les entreprises, les ménages et les étudiants ; les vendeurs sont HP Compaq, Dell, Sony et d'autres entreprises. [...]

Dans la définition d'un marché, les interactions potentielles des acheteurs et des vendeurs sont aussi importantes que les interactions effectives. Un exemple est celui du marché de l'or. Il est peu probable qu'un habitant de New York désirant acheter de l'or se déplace à Zurich pour cela. La plupart des acheteurs d'or à New York n'interagiront qu'avec des vendeurs de New York. Mais, puisque le coût de transport de l'or est plutôt faible par rapport à sa valeur, les acheteurs d'or de New York pourraient acheter leur or à Zurich si les prix étaient suffisamment bas.

Robert Pindyck, Daniel Rubinfeld, *Microéconomie*, Pearson, 2017.

1 Définir. Qu'est-ce qu'un marché ?

2 Analyser. À quoi sert un marché ?

3 Expliquer. À quelle condition un Parisien peut-il acheter une voiture d'occasion à Perpignan ?

3 DOC Les trois obligations du don : une autre manière d'échanger

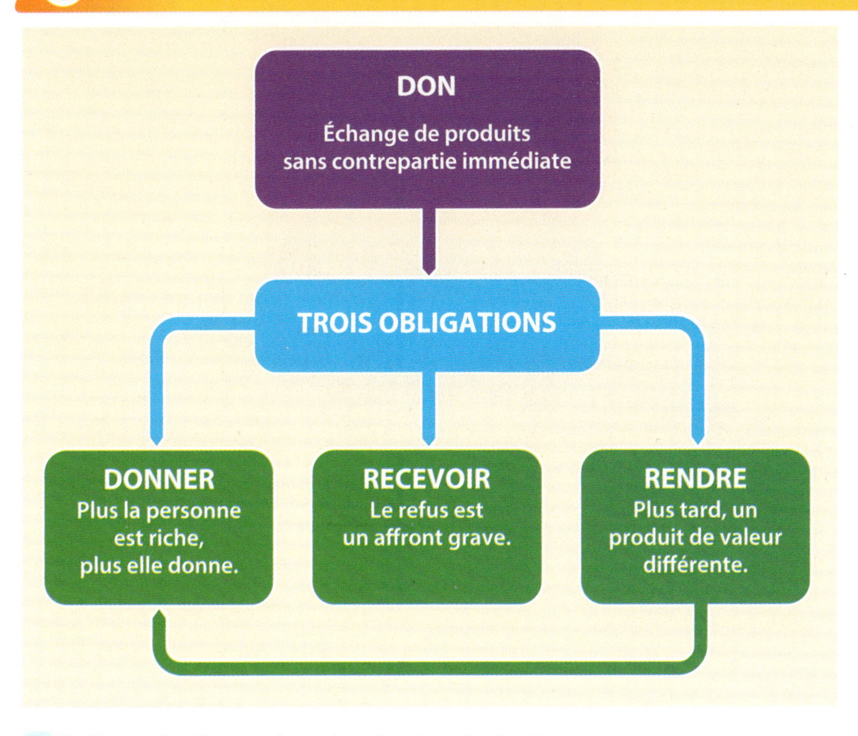

1 **Expliquer.** Quelles sont les trois obligations du don ?

2 **Déduire.** Pourquoi refuser un don est-il un « affront grave » ?

3 **Illustrer.** Donnez un exemple de don pratiqué dans la société française contemporaine.

VIDÉO

Un magasin où tout est gratuit

1 **Décrire.** Quel est le principe de fonctionnement de ce magasin ?

2 **Analyser.** Quelle est la différence entre acheter et recevoir, et entre vendre et donner ?

3 **Expliquer.** Quel est l'effet du don sur les relations entre les échangistes ?

Don : échange de biens ou de services sans contrepartie immédiate.

4 ACTIVITÉ

Distinguer marchés légaux et marchés illégaux en France

Classez les biens et les services ci-dessous selon qu'ils peuvent s'échanger légalement et/ou illégalement sur un marché en France :
organes humains – cannabis – services sexuels/prostitution – armes – tabac – alcools – enfants (esclavage) – vote des électeurs – tour Eiffel – corps humains – ivoire – pollution – travail

Marché légal en France	Marché existant illégalement en France	Pas de marché en France
...	...	...
...	...	...

Faire le bilan

Recopiez et complétez le texte avec les termes suivants :
produits – l'économie du don – marché – acheteurs – prix – l'économie de marché – offreurs

Le ... est le lieu fictif ou réel de rencontre entre des ... et des vendeurs. Il existe autant de marchés que de ... à échanger. En effet, le marché sert à échanger des biens et des services sur la base de ... fixés par la négociation entre ... et demandeurs. Il existe d'autres manières de faire circuler les marchandises, comme ..., mais ... occupe une place centrale dans les économies contemporaines.

- Marché
- Don

➜ définitions p. 56

2 Qui sont les acteurs du marché ?

Pour commencer

1 DOC Les principaux acteurs du marché du pétrole en 2007 et en 2016

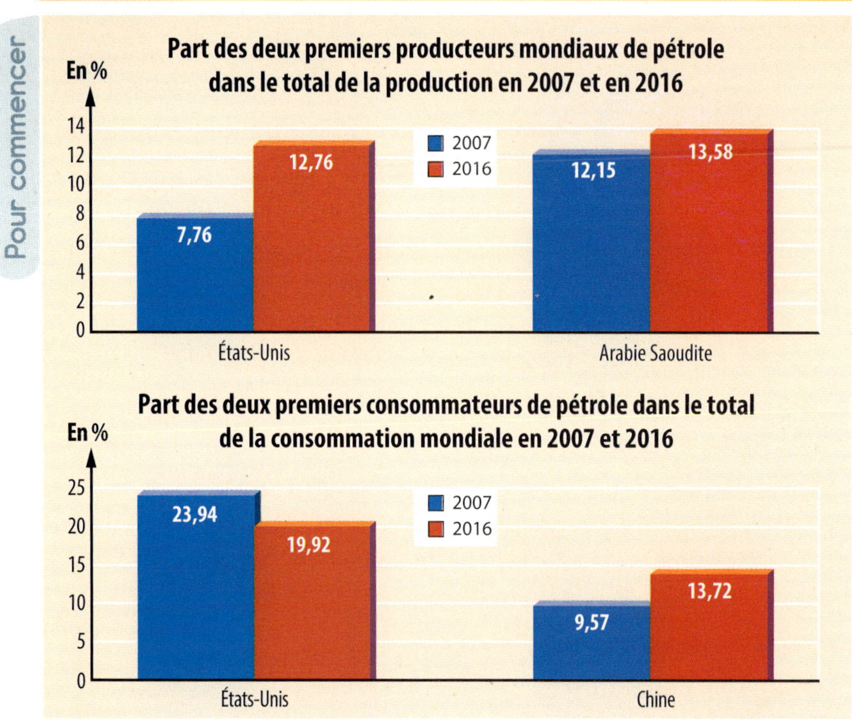

Source : Agence Internationale de l'énergie, *Oil Information overview*, 2018.

1 Définir. Donnez des synonymes de producteur et des synonymes de consommateur.

2 Lire. Rédigez une phrase avec les données de la production des États-Unis en 2007 et en 2016.

3 Expliquer. Comment expliquez-vous cette évolution ?

VIDÉO — bordas Flash PAGE

03:27

Le pétrole est-il toujours de l'or noir ?

1 Définir. Qu'est-ce que l'OPEP ?

2 Analyser. Qui sont les principaux acteurs du marché du pétrole ?

3 Expliquer. Pourquoi les prix du pétrole ont-ils baissé au milieu des années 2010 ?

2 DOC Évolution du prix de baril de pétrole entre 2009 et 2017

Source : *Note de conjoncture*, Insee, 20 mars 2018.

1 Lire. Quel était le prix du baril en janvier 2009 ?

2 Calculer. Quel est le taux de croissance du prix du baril entre janvier 2009 et janvier 2018 ?

3 Décrire. Quelles sont les grandes périodes qui se dégagent du graphique ?

3 DOC Évolution des quantités de pétrole offertes et demandées en millions de barils par jour

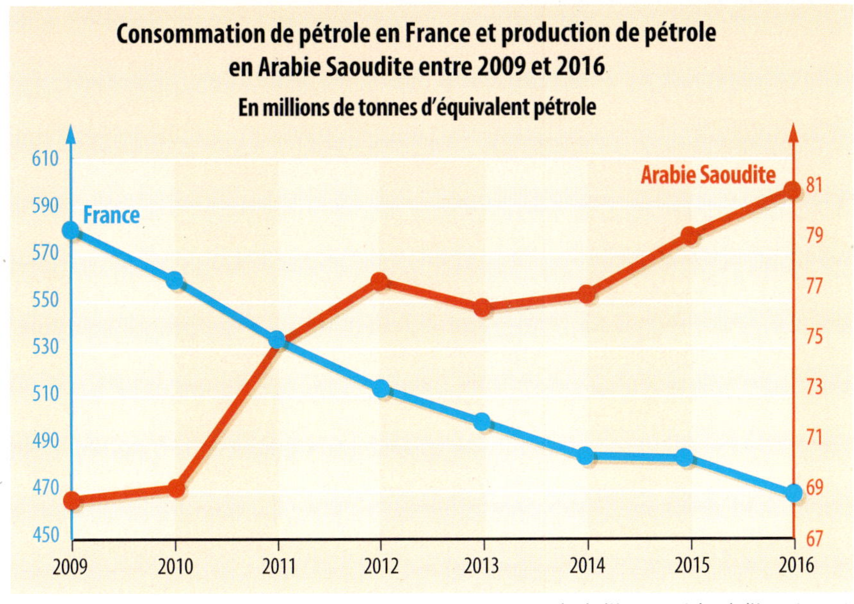

Source : Agence internationale de l'énergie, *Atlas de l'énergie 2018*.

MOTS CLÉS

Offre : ensemble des vendeurs présents sur le marché.

Demande : ensemble des acheteurs présents sur le marché.

1 Lire. Comment ont évolué les quantités de pétrole produites par l'Arabie Saoudite entre 2009 et 2016 ?

2 Lire. Comment ont évolué les quantités de pétrole consommées par la France entre 2009 et 2016 ?

3 Analyser. En vous appuyant sur le doc 2, mettez en évidence le lien entre le prix du pétrole, les quantités offertes et les quantités demandées.

4 ACTIVITÉ

Représenter graphiquement l'offre et la demande de pétrole

Le Nefarc est un pays fictif autosuffisant en pétrole. Le tableau ci-dessous présente les réactions des consommateurs et des producteurs de pétrole de ce pays en fonction du prix du baril exprimé en oreus, la monnaie du Nefarc.

Prix en oreus	15	25	35	45	55	65	75	85	95
Millions de barils offerts	1	2	3	4	5	6	7	8	9
Millions de barils demandés	9	8	7	6	5	4	3	2	1

1. Dans un repère orthonormé, reliez les prix et les millions de barils offerts pour tracer la courbe d'offre.

2. Dans le même repère orthonormé, reliez les prix et les millions de barils demandés pour tracer la courbe de demande.

3. Quels sont le prix et les quantités d'équilibre fixés sur ce marché ?

4. Selon vous, tous les offreurs et tous les demandeurs sont-ils satisfaits du prix fixé par le marché ?

Faire le bilan

Les affirmations suivantes sont-elles vraies ou fausses ? Justifiez votre réponse.

1. Lorsque l'Arabie Saoudite augmente sa production de pétrole, le prix du baril augmente.

2. L'exploitation de nouveaux gisements de pétrole fait baisser le prix du baril de pétrole.

3. La Chine est un acteur majeur sur le marché du pétrole.

4. La demande de pétrole ne change pas lorsque le prix du baril diminue.

5. Les États-Unis sont des gros consommateurs de pétrole mais ils n'en produisent pas assez pour leurs besoins.

MOTS CLÉS À MAÎTRISER

- Offre
- Demande
- Prix

➜ définitions p. 56

3 Quelles sont les caractéristiques de l'équilibre de marché ?

Pour commencer

1 ACTIVITÉ

Représenter graphiquement l'équilibre de marché

La mairie de Giganppren, la capitale du Nefarc, décide de lancer un programme immobilier dans le nord de la ville. Elle propose aux acheteurs et aux vendeurs les prix au mètre carré en oreus suivants :

Prix du m² en oreus	3 000	4 000	5 000	6 000	7 000	8 000
Surface produite en m²	40	45	50	55	60	75
Surface achetée en m²	75	60	55	50	45	40

1. Reliez les prix et la surface produite pour tracer la courbe d'offre.
2. Reliez les prix et la surface achetée pour tracer la courbe de demande.
3. Quel prix satisfait-il à la fois les offreurs et les demandeurs ?
4. Quel est l'écart entre le prix maximal qu'étaient prêts à payer les acheteurs et le prix de marché ?
5. Quel est l'écart entre le prix minimal que les vendeurs étaient prêts à consentir et le prix de marché ?

2 DOC L'équilibre de marché

Si tous les vendeurs et tous les acheteurs utilisent le même prix, ce prix porte le nom de prix du marché. Sur un marché parfaitement concurrentiel, (1) tous les vendeurs vendent un bien ou un service identique, et (2) aucun acheteur ne peut à lui seul influer sur le prix du marché de ce bien ou de ce service. Cela veut dire que les acheteurs et les vendeurs sont des preneurs de prix. En d'autres mots, ils acceptent le prix du marché et ne peuvent pas en négocier un meilleur.

Daron Acemoglu, David Laibson, John A. List, *Microéconomie*, Pearson, 2016.

Prix d'équilibre : prix qui satisfait à la fois l'offre et la demande.
Quantité d'équilibre : nombre de marchandises échangées, qui satisfait à la fois l'offre et la demande.

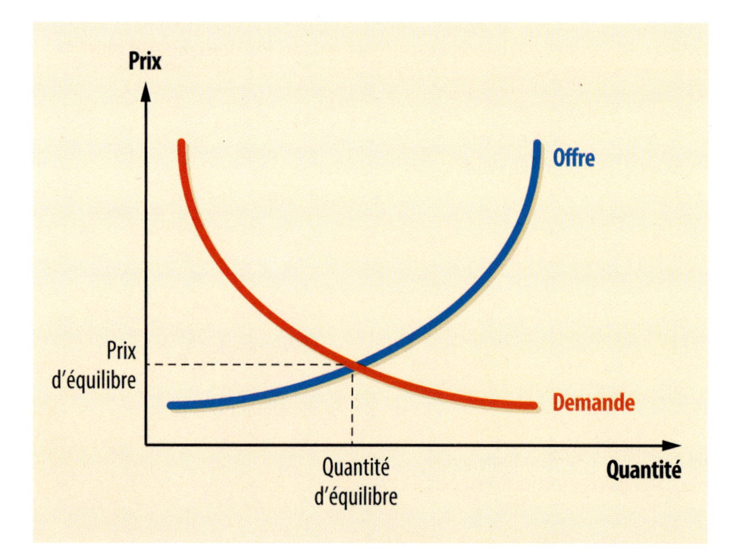

1 **Expliquer.** Le prix et la quantité d'équilibre satisfont-ils tous les offreurs et tous les demandeurs ?

2 **Expliquer.** Pourquoi peut-on dire que les prix et les quantités sont d'équilibre ?

3 **Déduire.** Dans cette situation, un autre prix est-il possible ?

3 DOC Les caractéristiques de l'équilibre de marché

Les marchés allouent les ressources rares sans poser directement la question de savoir si ces allocations de marché sont désirables. Le prix s'ajuste pour garantir que la quantité offerte soit égale à la quantité demandée. Cependant, à cet équilibre, la quantité produite est-elle trop faible, trop importante ou juste suffisante ?

Lorsqu'un marché est à l'équilibre, les acheteurs qui attribuent une valeur supérieure au prix choisissent d'acheter le bien ; les acheteurs qui lui attribuent une valeur inférieure choisissent de ne pas acheter le bien. De manière similaire, les vendeurs dont les coûts sont inférieurs au prix choisissent de vendre le bien ; les vendeurs dont les coûts sont plus élevés que le prix choisissent de ne pas produire le bien. Pour des quantités inférieures au niveau d'équilibre, la valeur que les acheteurs accordent aux biens est plus grande que le coût de produire ces biens pour les vendeurs. Dans cette région, augmenter les quantités augmente le surplus total et ce, jusqu'aux quantités d'équilibre. Cependant, au-delà des quantités d'équilibre, la valeur que les acheteurs accordent aux biens est inférieure au coût de produire ces biens par les vendeurs.

En d'autres termes, l'équilibre est une allocation des ressources efficaces. Cela signifie que, même si chacun sur le marché ne se soucie que de son propre bien-être, tous sont guidés par une main invisible vers un équilibre qui maximise les avantages totaux des acheteurs et des vendeurs.

Gregory N. Mankiw, **Marc Taylor**, *Principes de l'économie*, De Boeck Supérieur, 2015.

CONTEXTE

Le terme de « main invisible » est utilisé par l'un des fondateurs de l'économie politique moderne, Adam Smith, en 1776. Il signifie par là la **main invisible** de la concurrence qui oriente le marché vers son équilibre.

1. **Lire.** En situation d'équilibre de marché, quels acteurs sont-ils satisfaits ?
2. **Analyser.** Pourquoi n'est-il pas possible d'augmenter les quantités au-delà de l'équilibre ?
3. **Expliquer.** Pourquoi, selon le texte, le marché est-il un moyen efficace d'allouer les ressources ?

4 DOC Un marché concurrentiel reste à l'équilibre

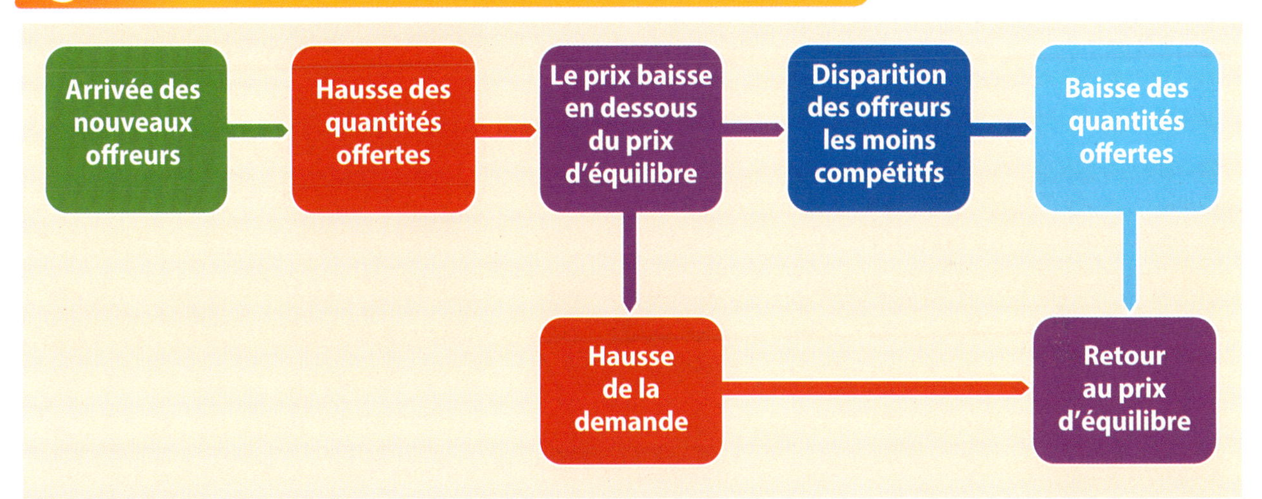

1. **Illustrer.** Pour quelles raisons de nouveaux offreurs peuvent-ils faire leur apparition sur le marché ?
2. **Déduire.** Pourquoi une baisse des prix fait-elle disparaître les « offreurs les moins compétitifs » ?
3. **Expliquer.** Quelles seraient les conséquences de l'arrivée de nouveaux demandeurs sur le marché ?

Faire le bilan

Recopiez et complétez le schéma d'implication avec les termes suivants :
concurrence pure et parfaite – satisfaction des offreurs et des demandeurs – prix et quantité d'équilibre – rencontre offre et demande

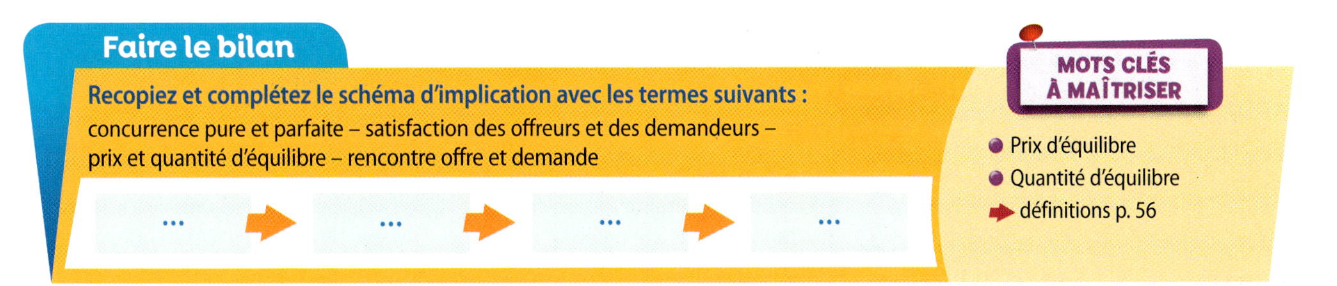

MOTS CLÉS À MAÎTRISER
- Prix d'équilibre
- Quantité d'équilibre

➜ définitions p. 56

Quels sont les effets des politiques économiques sur l'équilibre de marché ?

Pour commencer

1 DOC Les effets d'une subvention sur l'équilibre de marché

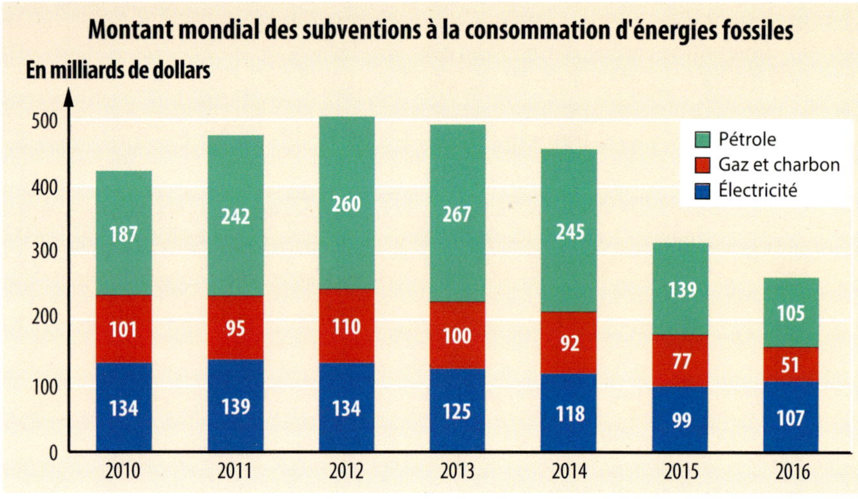

Source : **Toshiyuki Shirai**, *World Energy Report 2017*.

MOT CLÉ

Subvention : aide financière versée par les administrations publiques à des entreprises, des associations, etc. Elle favorise l'échange d'une marchandise en diminuant son prix pour le demandeur. Par exemple, l'État verse une prime pour l'achat d'une voiture électrique.

1 Calculer. Quel était le montant mondial des subventions à la consommation d'énergies fossiles en 2010 et en 2016 ?

2 Déduire. À quoi sert une subvention à la consommation d'énergies fossiles ?

3 Déduire. Quelle est la conséquence des subventions aux énergies fossiles sur les quantités de pétrole, d'électricité, de gaz et de charbon demandées ?

2 DOC Les effets de la fiscalité sur l'équilibre de marché : l'exemple de la taxe carbone

MOT CLÉ

Taxe carbone : impôt prélevé sur le prix d'une marchandise émettant du CO_2. Son but est de limiter les quantités échangées et donc la pollution.

1 Analyser. Quel est l'effet d'une taxe carbone sur les quantités offertes et demandées ?

2 Expliquer. Pourquoi la taxe carbone provoque-t-elle un « équilibre de marché sous-optimal » ?

3 Déduire. Comment une taxe carbone peut-elle améliorer le bien-être social ?

3 ACTIVITÉ

Représenter les effets des politiques publiques sur le marché de l'immobilier

Le programme immobilier lancé par la mairie de Giganppren, la capitale du Nefarc, ne satisfait pas la maire. Elle décide de tester plusieurs hypothèses d'interventions dans le mécanisme de marché.

Prix du m² en oreus	3 000	4 000	5 000	6 000	7 000	8 000
Surface produite en m²	40	45	50	55	60	75
Surface achetée en m²	75	60	55	50	45	40

1. La maire décide de fixer le prix à 5 000 oreus le mètre carré. Représentez graphiquement la situation de marché.

2. La maire décide de fixer le prix à 6 000 oreus le mètre carré. Représentez graphiquement la situation de marché.

3. La maire impose une taxe de 1 000 oreus par mètre carré, payée à moitié par les acheteurs et à moitié par les vendeurs. Représentez graphiquement la situation de marché.

4 DOC L'État peut améliorer les situations de marché

Si la main invisible du marché est si merveilleuse, pourquoi alors avons-nous besoin de l'État ? Une réponse consisterait à dire que la main invisible a besoin de l'État pour la protéger.

En réalité, deux grandes raisons plaident pour qu'un État intervienne dans l'économie : la promotion de l'efficacité et la promotion de l'équité. Les économistes utilisent le mot défaillance de marché en référence à une situation dans laquelle le marché livré à lui-même ne réussit pas à produire une allocation des ressources efficace. Une cause possible de défaillance de marché réside dans les externalités, qui mesurent l'impact sans contrepartie d'une action d'une personne sur le bien-être d'un tiers. L'exemple classique d'un coût externe est celui de la pollution. Une autre cause possible de défaillance de marché est le pouvoir de marché qui fait référence à la capacité d'une personne seule (ou d'un petit groupe de personnes) à influencer outre mesure les prix de marché. En présence d'externalités ou de pouvoir de marché, une politique publique bien conçue peut augmenter l'efficacité économique.

La main invisible peut aussi échouer à garantir que la prospérité économique soit distribuée équitablement. De nombreuses politiques publiques, telles que l'impôt sur le revenu et le système de sécurité sociale visent à obtenir une distribution plus équitable du bien-être économique.

Gregory Mankiw, Mark Taylor, *Principes de l'économie*, De Boeck Supérieur, 2015.

1 Analyser. Quelles sont les deux principales raisons de l'intervention étatique dans l'économie ?

2 Déduire. Quelle condition de la CPP est remise en cause par le pouvoir de marché ?

3 Schématiser. Utilisez les mots suivants pour schématiser les raisons de l'intervention étatique dans l'économie : *protection des mécanismes marchands – promotion de l'efficacité – promotion de l'équité – externalité – pouvoir de marché.*

Faire le bilan

Indiquez si les décisions publiques citées dans le tableau font augmenter ou diminuer l'offre et/ou la demande.

Décisions publiques	Effets sur l'offre	Effets sur la demande
Taxe sur les carburants	...	...
Aide au logement	...	...
Salaire minimum	...	...
Prix plafond sur les loyers	...	...

- Taxe carbone
- Subvention

définitions p. 56

L'essentiel Comment se forment les prix sur un marché ?

Synthèse

1 À quoi servent les marchés ?

Il existe autant de **marchés** que de produits susceptibles d'être échangés. Certains marchés sont des lieux physiques, comme le marché du village, alors que d'autres sont immatériels, comme le **marché des biens et services**, du travail ou des capitaux. Le point commun entre tous ces marchés est qu'ils servent à échanger des produits, qui deviennent ainsi des marchandises, et qu'ils permettent de fixer le **prix** de ces marchandises. Il existe d'autres manières d'échanger des produits, comme le prouve la persistance de l'économie du **don** dans les économies contemporaines.

2 Qui sont les acteurs du marché ?

Un marché met en relation deux catégories d'acteurs. D'une part, les offreurs sont les individus qui souhaitent vendre les produits qu'ils ont parfois eux-mêmes fabriqués. Ils recherchent le prix le plus élevé pour vendre leur marchandise. La **courbe d'offre** est donc une fonction croissante du prix. D'autre part, les demandeurs sont les individus qui souhaitent acheter les marchandises dont ils ont besoin ou envie. Ils recherchent le prix le plus bas car ils n'ont pas un budget illimité. La **courbe de demande** est donc une fonction décroissante du prix.

3 À qtuelles conditions le marché aboutit-il à un équilibre ?

Dans le **modèle** de la concurrence pure et parfaite théorisé par les économistes, les offreurs et les demandeurs exposent librement leurs préférences de prix et de quantités pour une marchandise donnée. La rencontre entre l'**offre** et la **demande** d'une marchandise détermine le **prix d'équilibre** et la **quantité d'équilibre**. À l'équilibre, les offreurs sont satisfaits car ils obtiennent un prix plus élevé que le prix minimum auquel ils étaient prêts à vendre. De même, les demandeurs obtiennent un prix plus faible que le prix maximum auquel ils étaient prêts à acheter. Enfin, l'équilibre se caractérise par sa stabilité à court terme. En l'absence de changements extérieurs au marché, il est en effet impossible de s'éloigner du prix et de la quantité d'équilibre.

4 Quels sont les effets des politiques économiques sur l'équilibre de marché ?

Afin de limiter les émissions de dioxyde de carbone (CO_2) responsables du réchauffement climatique, les pouvoirs publics peuvent imposer une taxe carbone sur les marchandises polluantes. La **taxe carbone** a pour effet d'augmenter le prix payé par les demandeurs et de réduire le prix reçu par les offreurs. Elle implique donc une perte pour les échangistes. De même, les pouvoirs publics peuvent verser des **subventions** pour favoriser l'échange de certaines marchandises. Dans ce cas, la subvention favorise des producteurs qui ne seraient pas rentables sur un marché concurrentiel. Ainsi, les pouvoirs publics peuvent améliorer le fonctionnement des marchés et le bien-être social par leurs interventions.

MOTS CLÉS

Courbe de demande : représentation graphique de l'ensemble des combinaisons possibles entre le prix d'une marchandise et les quantités demandées.

Courbe d'offre : représentation graphique de l'ensemble des combinaisons possibles entre le prix d'une marchandise et les quantités offertes.

Demande : ensemble des acheteurs présents sur le marché.

Don : échange de biens ou de services sans contrepartie immédiate.

Marché : lieu de rencontre fictif ou réel entre l'offre et la demande, qui sert à échanger des marchandises contre un prix.

Marché des biens et services : lieu de rencontre fictif ou réel entre les demandeurs de biens et de services et les offreurs de biens et de services.

Modèle : représentation simplifiée de la réalité afin de l'expliquer. L'économiste le construit pour proposer une explication des choix que font les individus.

Offre : ensemble des vendeurs présents sur le marché.

Prix : valeur d'une marchandise fixée par le marché.

Prix d'équilibre : prix qui satisfait à la fois l'offre et la demande.

Quantité d'équilibre : nombre de marchandises échangées, qui satisfait à la fois l'offre et la demande.

Subvention : aide financière versée par les administrations publiques à des entreprises, des associations, etc. Elle favorise l'échange d'une marchandise en diminuant son prix pour le demandeur. Par exemple, l'État verse une prime pour l'achat d'une voiture électrique.

Taxe carbone : impôt prélevé sur le prix d'une marchandise dont la production émet du CO_2. Son but est de limiter les quantités échangées et donc la pollution.

Schéma bilan

OFFRE
= fonction croissante du prix

DEMANDE
= fonction décroissante du prix

MARCHÉ

- Biens et services
- Travail
- Capitaux

= rencontre de l'offre et de la demande

Marché en concurrence pure et parfaite

- Prix d'équilibre
- Quantité d'équilibre

→ Satisfaction des offreurs et des demandeurs

Marché avec intervention des pouvoirs publics (taxe carbone, subventions)

- Baisse de la satisfaction des offreurs et des demandeurs
- Amélioration du bien-être social

Prolongements

Un film

The Big Short, Adam McKay, 2016.

The Big Short, c'est-à-dire la grande spéculation à la baisse, relate les gains faramineux empochés par les acteurs des marchés financiers ayant anticipé la crise des *subprimes* de 2008. Le film évite les clichés sur les *traders* et montre les conséquences sociales de cette crise.

Une bande dessinée

Hypercapitalisme, Larry Gonick, Tim Kasser, Delcourt, 2018.

Hypercapitalisme se présente comme un manuel d'économie critique et optimiste. Il explique avec humour comment l'économie moderne, en portant aux nues la loi du marché, en privatisant à tout crin, menace le développement de l'humanité, la justice sociale et la planète tout entière.

Exercices

POUR L'ENSEIGNANT
- Évaluation en classe interactive
- Fiche d'évaluation imprimable

Vérifier ses connaissances

Exercice 1

Recopiez et complétez le texte avec les termes suivants :

stable • marchés • production • croissante • satisfait • prix • quantités échangées • demandeurs • offreurs • d'équilibre • concurrence pure et parfaite • décroissante

Dans les économies contemporaines, l'essentiel de la ... est échangée sur des .... Tous les marchés ont pour point commun de regrouper des ... et des ... qui négocient le ... des marchandises et les .... De manière générale, l'offre est une fonction ... du prix, alors que la demande est une fonction ... du prix. En situation de ..., la rencontre entre l'offre et la demande aboutit à un prix et à une quantité .... Si rien ne perturbe les mécanismes de marché, l'équilibre est ... et ... à la fois les offreurs et les demandeurs.

Exercice 2

Les affirmations suivantes sont-elles vraies ou fausses ? Justifiez votre réponse.

1. Le marché est le lieu réel de rencontre entre l'offre et la demande.
2. En France, tout peut s'échanger sur un marché.
3. Le marché sert à échanger des biens et des services.
4. Le marché est le seul moyen d'échanger des biens et des services.
5. Une hausse du prix se traduit par une augmentation des quantités offertes.
6. Une hausse du prix se traduit par une augmentation des quantités demandées.
7. L'équilibre de marché satisfait les offreurs et les demandeurs.
8. Les politiques publiques perturbent toujours les mécanismes de marché.
9. L'État peut améliorer les situations de marché.

Exercice 3

Recopiez et complétez la grille.

Horizontalement

1. Lieu de rencontre entre l'offre et la demande.
2. Valeur d'un produit fixée par le marché.
3. Aide financière versée par l'État à un secteur d'activité.
4. Acheteur, consommateur.
5. Vendeur, producteur.
6. Parfois pure et parfaite.

Verticalement

a. Situation qui satisfait offreurs et demandeurs.
b. Alternative au marché.
c. Nom d'un produit échangé sur le marché.

Appliquer ses connaissances

Exercice 1 Représenter le marché de l'automobile au Nefarc

Au Nefarc, un pays fictif, le marché de l'automobile est en situation de concurrence pure et parfaite. Il existe une multitude de petites entreprises automobiles qui fabriquent toutes le même type de véhicule. Le plan d'offre des fabricants d'automobiles est exposé dans le tableau A ; en fonction des coûts de production, il présente les quantités offertes selon le prix proposé (en oreus, la monnaie du Nefarc). Le plan de demande des acheteurs d'automobiles est présenté dans le tableau B ; il prend en compte la contrainte budgétaire des demandeurs et leurs réactions face aux prix proposés.

DOC A Plan d'offre des fabricants d'automobiles

Prix en oreus	10 000	11 000	12 000	13 000	14 000	15 000	16 000	17 000	18 000	19 000	20 000
Quantités offertes	10 000	20 000	30 000	40 000	50 000	60 000	70 000	80 000	90 000	100 000	110 000

DOC B Plan de demande des acheteurs d'automobiles

Prix en oreus	10 000	11 000	12 000	13 000	14 000	15 000	16 000	17 000	18 000	19 000	20 000
Quantités demandées	110 000	100 000	90 000	80 000	70 000	60 000	50 000	40 000	30 000	20 000	10 000

1. Construisez un repère orthonormé en mettant en abscisse les quantités d'automobiles échangées (2 carreaux pour 10 000 voitures) et le prix en ordonnée (2 carreaux pour 1 000 oreus).
2. Tracez la droite d'offre en vous appuyant sur le doc A.
3. Tracez la droite de demande en vous appuyant sur le doc B.

Exercice 2 Représenter les déplacements des droites d'offre et de demande

DOC C Plan d'offre après innovation technologique réduisant les coûts de production

Prix en oreus	10 000	11 000	12 000	13 000	14 000	15 000	16 000	17 000	18 000	19 000	20 000
Quantités offertes	15 000	25 000	35 000	45 000	55 000	65 000	75 000	85 000	95 000	105 000	115 000

DOC D Plan d'offre après augmentation de salaires relâchant la contrainte budgétaire

Prix en oreus	10 000	11 000	12 000	13 000	14 000	15 000	16 000	17 000	18 000	19 000	20 000
Quantités demandées	115 000	105 000	95 000	85 000	75 000	65 000	55 000	45 000	35 000	25 000	15 000

1. Une innovation technologique diminue les coûts de production des fabricants d'automobiles comme indiqué dans le plan d'offre du doc C. Tracez la nouvelle droite d'offre sur votre graphique de l'exercice 1.
2. Une augmentation générale des salaires modifie la contrainte budgétaire des acheteurs d'automobiles comme indiqué dans le doc D. Tracez la nouvelle droite de demande.
3. Compte tenu des innovations technologiques et des augmentations de salaire, quels sont le prix d'équilibre et la quantité d'équilibre ?

Le Lab SES

SAVOIR-FAIRE
➜ Fiche 10, p. 132

Lire et calculer un indice

Comment mesurer l'évolution des prix ?

Lire et interpréter l'indice des prix à la consommation

1. Faites une phrase avec l'indice des carburants en 2018. (doc 1)
2. Faites une phrase avec l'indice des communications en 2018. (doc 1)
3. Quels sont les postes budgétaires dont les prix ont baissé au cours de la période ? (doc 1)
4. Que signifient les données entourées ? (doc 2)
5. Quel est l'indice des prix à la consommation au 1er juillet ? (doc 2)

Calculer l'indice des prix à la consommation

6. Pourquoi l'augmentation du prix des carburants ne fait-elle pas augmenter plus fortement la moyenne de l'IPC ? (doc 1 et doc 2)
7. Au 1er octobre, le poste budgétaire « énergie » passe de 18 % à 15 % et le poste budgétaire « habillement » passe de 9 % à 12 %. Calculez l'indice des prix à la consommation au 31 décembre. (doc 2)
8. Quel va être l'effet de l'évolution des prix sur la part de chaque poste budgétaire dans la consommation totale ? (doc 2)
9. Pourquoi certains consommateurs considèrent-ils que l'indice des prix à la consommation ne traduit pas correctement leur appréhension de la variation des prix ?

CALCUL

Pour calculer l'**IPC**, on effectue une moyenne pondérée :
(part du poste budgétaire 1 × évolution du prix du poste budgétaire 1) + (part du poste budgétaire 2 × évolution du prix du poste budgétaire 2) = IPC

DOC 1 Évolution de la consommation des ménages

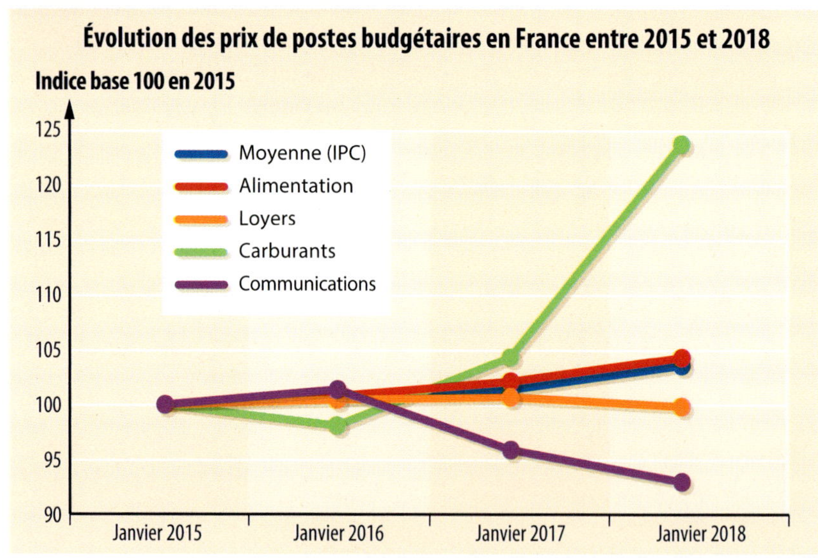

Source : Insee, Simulateur d'indice des prix personnalisé, 2018.

DOC 2 Évolution fictive des prix pour différents postes budgétaires

Postes budgétaires	Part dans la consommation totale en %	Indice de prix au 1er juillet (base 100 au 1er janvier)	Indice de prix au 31 décembre (base 100 au 1er janvier)
Alimentation	25 %	101	102
Logement	20 %	102	103
Énergie	18 %	104	108
Transport	15 %	103	106
Équipement domestique	13 %	99,5	99
Habillement	9 %	99	98

DÉFINITION

Indice des prix à la consommation (IPC) : indice synthétique ou pondéré, qui fait la moyenne de l'évolution des prix pour chacun des grands postes budgétaires des ménages. Chacun de ces postes a un poids différent dans le budget des consommateurs.

Le Lab SES

JEU

Jeu de marché

Comment vendeurs et acheteurs réalisent-ils des échanges sur un marché ?

MATÉRIEL
- cartes de Monopoly
- billets de Monopoly
- enveloppes

Déroulement du jeu

10 élèves sont désignés vendeurs.

Chacun reçoit au hasard un lot de terrains de Monopoly de la même couleur, par exemple les cartes des terrains marrons (bd de Belleville et rue Lecourbe). Il garde le contenu de son lot secret.

L'objectif des vendeurs est de vendre leur lot le plus cher possible, sans descendre en dessous du prix des terrains.

10 élèves sont désignés acheteurs.

Chacun reçoit au hasard une enveloppe contenant des billets dont le montant correspond à la valeur de chacun des 10 lots de terrain distribués aux vendeurs. Par exemple, une enveloppe contient 120 M, c'est-à-dire la valeur des terrains marrons (bd de Belleville et Rue Lecourbe). L'acheteur garde le contenu de son enveloppe secret.

L'objectif des acheteurs est d'acheter un lot le moins cher possible, sans dépasser le montant de leur enveloppe.

10 autres élèves sont désignés observateurs.

Ils veillent à la régularité des transactions et sont les seuls à pouvoir prendre connaissance du contenu des lots et des enveloppes. Installés chacun à une table, ils reçoivent les vendeurs et les acheteurs.

Les acheteurs et les vendeurs se rencontrent en face à face et cherchent à réaliser une transaction. S'ils se mettent d'accord, l'observateur enregistre leur échange auprès du professeur. S'ils ne parviennent pas ils changent de table.

Le jeu se termine lorsque tous les acheteurs ont acquis un lot de terrain et que tous les vendeurs ont cédé leur lot.

Tableau récapitulatif de la valeur des lots de terrain

Nom du lot	Valeur du lot	Nom du lot	Valeur du lot
Marron	120 M	Services publics	300 M
Bleu Clair	320 M	Violet	340 M
Orange	560 M	Rouge	680 M
Jaune	700 M	Bleu Foncé	750 M
Gares	800 M	Vert	920 M

L'économie du don et l'économie de marché s'opposent-elles ?

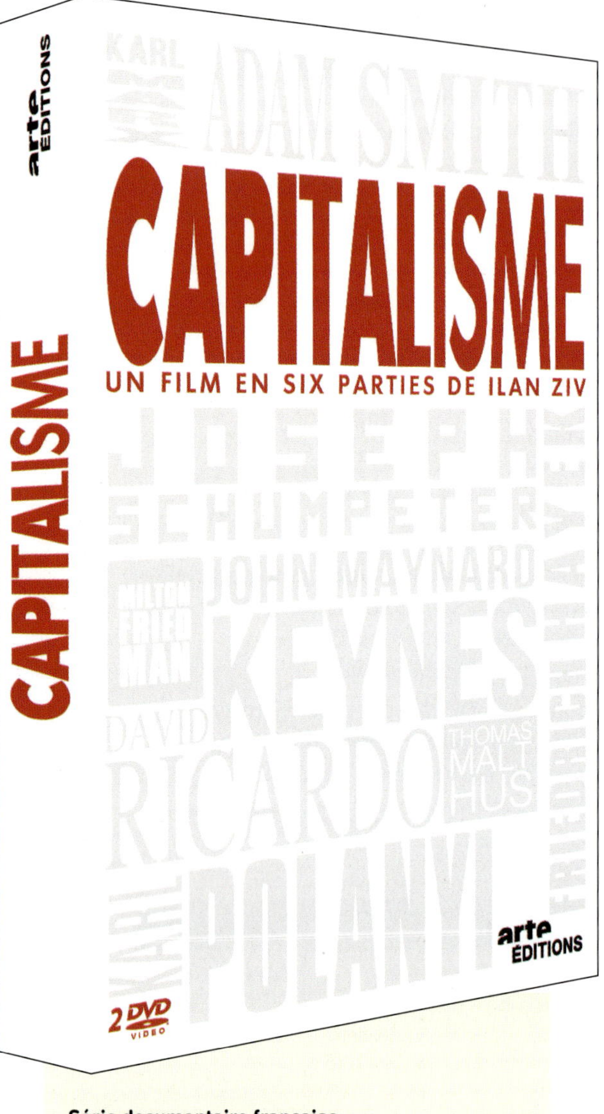

Série documentaire française
Réalisation : Ilan Ziv, Bruno Nahon
Durée : 6 épisodes de 52 minutes
Année : 2014
DVD : Arte éditions

Capitalisme

La série

Aujourd'hui et malgré la crise, le capitalisme reste le seul modèle. Un modèle discutable et discuté, dont l'histoire est une véritable épopée, confrontation d'hommes et d'idées qui ont changé la face du monde. Cette série documentaire en six épisodes de 52 minutes, tournée dans vingt-deux pays, nous entraîne dans une enquête captivante, au fil de cinq cents ans d'histoire, d'Adam Smith à Karl Polanyi, avec pour guides éclaireurs des anthropologues, des historiens et des économistes renommés dont Robert Boyer, Thomas Piketty ou David Graeber.

L'extrait

Minutage :
épisode 1, Adam Smith : à l'origine du libre marché ?
de **12'05' à 19'06'**
Durée totale : 7 minutes

L'extrait explique comment les anthropologues et les historiens analysent les origines du « libre marché ». Il s'appuie sur l'exemple des Maijunas du Pérou pour illustrer l'apparition de la logique marchande dans une société traditionnelle.

SE QUESTIONNER À PARTIR DE L'EXTRAIT

DÉCRIRE

1 Qui est Adam Smith ?

2 Selon Adam Smith, comment le « libre marché » est-il apparu ?

ANALYSER

3 Comment les échanges sont-ils organisés chez les Maijunas du Pérou ?

4 Ces échanges traditionnels sont-ils toujours en vigueur actuellement ?

CONCLURE

5 Comment les anthropologues et les historiens analysent-ils l'apparition du « libre marché » ?

CONTREPOINT

DOC Le marché libère l'individu, le don l'enferme dans des obligations

Le rapport marchand implique nécessairement l'égalité de statut et s'oppose intrinsèquement à la société d'ordres. Le libre marché revêt en effet nombre d'avantages. Avantages économiques pour les consommateurs, la concurrence amenant la baisse des prix. Avantages civiques également, car le marché incite les échangistes à discuter pacifiquement de la valeur des biens échangés, indépendamment de leur naissance et de leur titre. [...]

Le marché se révèle triplement libérateur dans l'histoire. Pour les sans-statut tout d'abord, il procure l'indépendance économique dans la mesure où la transaction marchande permet de générer des revenus propres en élargissant l'accès aux ressources.

Le marché permet ainsi de se libérer de la *charité* de l'Église et de la *bienfaisance* des Grands, et donc de se soustraire à l'obligation morale et politique qui en découle. Si le don oblige, l'échange marchand libère, car il met en rapport des propriétaires échangeant des biens de valeurs équivalentes.

Enfin, une déclinaison forte et originale de cette thèse est que l'accès au marché aurait également contribué à l'*émancipation des femmes*. En exerçant une activité commerciale, si modeste et marginale fût-elle, les femmes se sont donné les moyens, dans l'Europe moderne mais aussi dans certaines sociétés actuelles en voie de développement, de défendre leur place au sein du couple : en contribuant au budget du ménage par un salaire d'appoint, elles desserrent ainsi l'emprise qu'exercent sur elles leurs maris.

Arnault Skornicki, « Le marché, entre domination et émancipation », laviedesidees.fr, 16 janvier 2015.

1 **Analyser.** Que signifie la phrase soulignée ?

2 **Distinguer.** Quels sont les avantages du marché par rapport au don ?

3 **Expliquer.** Pour quelles raisons le marché est-il libérateur ?

Synthèse

1 Selon le documentaire, quelles sont les origines et les limites du marché ?

2 Selon le texte, quelles sont les limites de l'économie du don ?

3 L'économie du don est-elle incompatible avec l'économie de marché ?

Chapitre 4

Comment devenons-nous des acteurs sociaux ?

Dormir, est-ce complètement naturel ?

a Oui, c'est une donnée physiologique !

b Oui, les animaux dorment aussi.

c Oui, d'ailleurs, tout le monde dort !

d Non, car les manières de dormir sont différentes d'une société à l'autre, d'une époque à l'autre.

Pourquoi les femmes font-elles plus le ménage ?

a Parce qu'elles travaillent moins.

b Parce qu'elles ont un goût pour les tâches domestiques.

c Parce qu'elles sont plus compétentes que les hommes pour le ménage.

d Parce que les hommes préfèrent les activités rémunérées.

Pourquoi les cadres et les ouvriers n'offrent-ils pas les mêmes jouets à leurs enfants ?

a Parce qu'ils n'ont pas les mêmes salaires.

b Parce qu'ils ne donnent pas la même fonction aux jouets.

c Parce qu'ils n'achètent pas les cadeaux dans les mêmes lieux.

d C'est juste un hasard.

1 Qu'est-ce que le processus de socialisation ?

Pour commencer

1 ACTIVITÉ

Analyser les manières de dire bonjour dans le monde

Japon

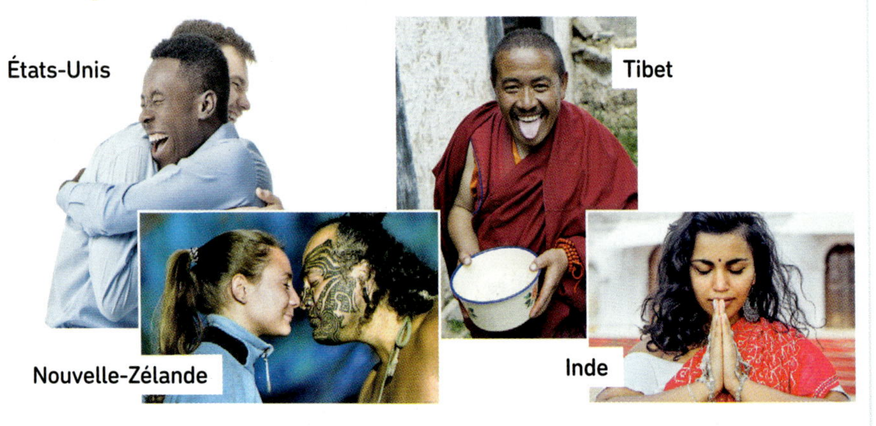
États-Unis
Nouvelle-Zélande
Tibet
Inde

1. Comparez les différentes manières de dire bonjour dans le monde.
2. Indiquez quelles sont vos manières de dire bonjour en remplissant le tableau suivant :

	Entre filles	Entre garçons	Entre filles et garçons	À un inconnu	Lors d'un rendez-vous professionnel
Deux bises	...	...	...	...	...
Trois ou quatre bises	...	...	...	...	...
Serrer la main	...	...	...	...	...
Autre (check, accolade...)	...	...	...	...	...

3. Est-il simple pour un étranger de dire bonjour en France ? Justifiez votre réponse.

2 DOC Le rôle de l'apprentissage social dans la construction de la personnalité

Une étude menée [...] sur les jumeaux et l'adoption a permis de mettre en lumière une partie des effets de l'hérédité sur le développement de la personnalité. De fait, les conclusions [de l'étude] ont révélé une similitude étonnante entre les jumeaux éduqués séparément. Cette ressemblance concernait certains traits à caractère biologique comme le ton et la voix et les tics nerveux, mais également certaines tendances à adopter des attitudes de leadership et de domination, ce qui laisse supposer une certaine détermination génétique partielle de ces comportements. Toutefois, les chercheurs ont remarqué chez ces mêmes jumeaux de grandes différences quant aux attitudes, aux valeurs, aux types de relations et aux habitudes de consommation, de même que dans leurs attentes en ce qui a trait aux rapports intimes, au confort et à l'aide qu'ils souhaitent obtenir des autres – aspects qui seraient donc essentiellement influencés par les environnements culturel et social. Par ailleurs, [...] les résultats obtenus [à des tests d'intelligence] par de vrais jumeaux éduqués dans des milieux dissemblables sont très divergents. Ces observations démontrent [...] que l'apprentissage social dans un milieu donné joue un rôle déterminant dans le développement de la personnalité d'un individu.

Claire Denis, Gilles Millette, Joëlle Quérin, Isa Vekeman-Julien, *Individu et société*, 5e éd., Chenelière Éducation, 2013.

1 **Repérer.** Quelles sont les caractéristiques du groupe d'individus testés ?

2 **Analyser.** Quels sont les comportements qui relèveraient du biologique ?

3 **Illustrer.** Montrez, à l'aide d'exemples précis, que l'apprentissage social joue un rôle déterminant dans la construction de la personnalité de l'individu.

4 **Justifier.** L'intelligence est-elle purement d'ordre biologique ? Justifiez.

3 DOC La socialisation : un processus d'intégration des normes, valeurs et rôles de la société

La socialisation désigne les mécanismes de transmission de la culture ainsi que la manière dont les individus reçoivent cette transmission et intériorisent les valeurs, les normes et les rôles qui régissent le fonctionnement de la vie sociale. [...] La socialisation doit être considérée comme un long processus continu qui concerne les individus tout au long de leur vie. On distingue classiquement une socialisation primaire et une socialisation secondaire. La socialisation primaire correspond à la période de l'enfance. Ce processus s'effectue d'abord dans la famille qui en constitue l'instance principale ; son action est essentielle pour la structuration de l'identité sociale. L'école représente une autre instance majeure de la socialisation primaire. [...] L'enfant se socialise également de manière plus informelle à travers le groupe des pairs. La socialisation secondaire se fonde sur les acquis de la socialisation primaire, les prolonge et, éventuellement, les transforme. Elle permet aux adultes de s'intégrer à des sous-groupes spécifiques (travail, association, parti politique...) ; chaque individu est ainsi socialisé aux différents rôles sociaux et aux statuts qui seront les siens au cours de sa vie. Si elle est particulièrement intense pendant l'enfance, la socialisation n'est donc jamais achevée, ses résultats sont provisoires et toujours susceptibles d'être remis en question.

Serge Paugam, *Les 100 Mots de la sociologie*, PUF, coll. Que sais-je ?, 2018.

NE PAS CONFONDRE

Les **valeurs** sont des principes qui orientent l'action des individus.
Les **normes** sont des règles de conduite en usage dans un groupe ou une société.

1 **Définir.** En quoi consiste la socialisation ?

2 **Distinguer.** Différenciez socialisation primaire et socialisation secondaire.

3 **Illustrer.** Quels sont vos statuts actuels dans la classe ? dans votre famille ? Quel est le rôle attendu de vous pour chacun de ces statuts ?

4 DOC Les différents modes de socialisation

Claire Fumat, **Maud Hopsie**, *Toute la socio en BD*, tome 1, Groupe et réseaux sociaux, contrôle de la déviance, © la Boîte à Bulles/Belin Éducation, 2018.

VIDÉO

Punir pour inculquer ?

1 **Repérer.** Comment sanctionne-t-on généralement les enfants en France ?

2 **Expliquer.** Pourquoi punir l'enfant ?

3 **Analyser.** À partir de quelle date voit-on une rupture dans la manière de punir ? Pourquoi ?

1 **Illustrer.** Donnez d'autres exemples de socialisation : par imitation et par interaction à l'école ; par injonction au sein de la famille.

2 **Expliquer.** À votre avis, pourquoi l'existence de plusieurs modes de socialisation facilite-t-elle l'intériorisation des valeurs et des normes ?

3 **Expliquer.** Pourquoi peut-on dire que l'individu participe à sa propre socialisation ?

Faire le bilan

Les affirmations suivantes sont-elles vraies ou fausses ? Justifiez votre réponse.

1. Interdire les portables à l'école est une norme.
2. Se comporter correctement en société, c'est génétique.
3. Les normes sont toujours écrites.
4. Les enfants apprennent à tenir leur rôle par imitation.

MOTS CLÉS À MAÎTRISER

- Socialisation
- Normes / Valeurs
- Rôle
- Statut

➔ définitions p. 74

2 Quel est rôle de la famille et de l'école dans la socialisation ?

Pour commencer

1 DOC La prise de risque au volant : tels parents, tels enfants ?

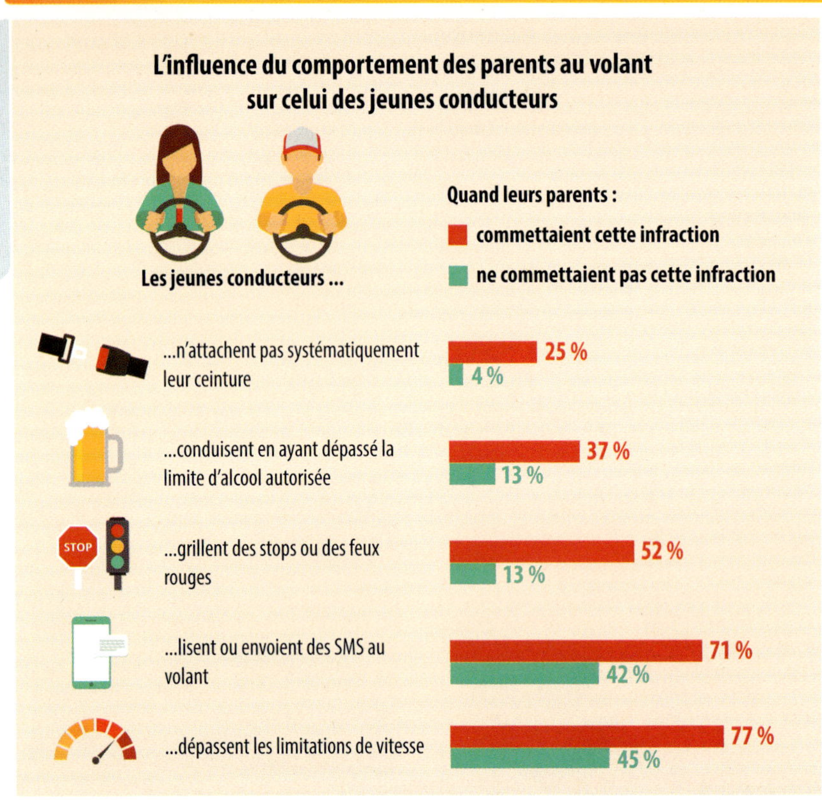

Source : d'après Ipsos, 2016.

1 Lire. Que signifie la donnée 52 % ?

2 Justifier. À l'aide des données chiffrées, justifiez le titre « tels parents, tels enfants » en matière de transgression des normes de comportement au volant.

3 Expliquer. À l'aide des modes de socialisation vus précédemment, expliquez comment se fait la transmission des comportements au volant entre parents et enfants.

2 DOC La famille : une instance de socialisation primordiale dans la réussite scolaire

Les familles n'ont pas les mêmes atouts en main [face à l'école] : leurs ressources économiques (niveau de vie) et culturelles (diplôme) sont inégales. [...] L'essentiel passe par des canaux plus complexes, surtout pour les plus jeunes : la façon de parler, le vocabulaire, les loisirs, la capacité à expliquer à l'enfant ce que l'école attend de lui, l'aide aux devoirs plus ou moins formelle, etc. Surtout, rien de tel pour réussir à l'école que de se sentir légitime à le faire, parce que ses parents y ont eux aussi réussi, que de se diriger vers des filières connues parce que ses parents les ont déjà empruntées. [...] Par ailleurs, les parents des catégories populaires savent, du fait de leur expérience, que l'école qu'ils ont fréquentée étant jeunes et où ils ont été mis en échec ne sera pas davantage favorable à leurs enfants. Ces derniers le comprennent rapidement : ils anticipent rationnellement leur parcours en intériorisant l'échec. Les enquêtes sur la réussite des enfants d'immigrés montrent que le parcours des parents joue. [...] À niveau social équivalent, ces derniers réussissent mieux que les enfants de parents nés en France, en partie parce que les parents immigrés n'ont pas été mis en échec par le système scolaire, contrairement aux parents de milieux populaires nés en France.

Louis Maurin, « Pourquoi les enfants d'ouvriers réussissent moins bien à l'école que ceux des cadres ? », www.inegalites.fr, 2015.

1 Analyser. Quels avantages scolaires la famille peut-elle apporter pour la réussite à l'école ?

2 Analyser. Les ressources économiques sont-elles les seules déterminantes pour la réussite scolaire, d'après le texte ? Justifiez votre réponse.

3 Expliquer. Comment le parcours des parents influence-t-il la réussite scolaire des enfants ?

3 DOC Le rôle socialisateur de l'école

La socialisation scolaire engage en fait trois grands types d'apprentissage. L'école est tout d'abord le lieu de l'apprentissage de contenus et de compétences qui sont explicitement présentés comme des savoirs scolaires à acquérir. [...] À cet aspect explicite et éducatif s'ajoute cependant, comme dans toute autre forme de socialisation, une dimension implicite faite d'apprentissages plus diffus et moins visibles : apprentissage d'un certain rapport au temps et à l'espace ainsi que d'usages particuliers du corps, ou encore intériorisation de schèmes sociaux liés à l'organisation de la société (définitions sociales de l'intelligence, de la division du travail, légitimation de l'ordre social à partir des conceptions méritocratiques, [...]). Enfin, on peut ajouter à ces deux dimensions de la socialisation scolaire tout ce qui s'apprend à l'école mais, soit dans les marges de l'institution (par exemple, la socialisation sentimentale ou culturelle par les pairs), soit même contre elle-même (comment « tricher » pendant un contrôle ou fumer dans des espaces où c'est interdit).

Muriel Darmon, *La socialisation*, 3e éd., Armand Colin, 2016.

1 **Lire.** Quels sont les trois grands types d'apprentissage dispensés au cours de la socialisation scolaire ?

2 **Illustrer.** Donnez un exemple de la socialisation scolaire explicite, puis implicite.

3 **Expliquer.** La socialisation scolaire est-elle réalisée spécifiquement par l'école ? Justifiez.

4 DOC Les compétences transmises par l'école pour « fabriquer » un élève

BILAN CLASSE DE CM2		
Bulletin du 1er trimestre Année scolaire : 2019/2020		Nom : *Arthur Martin*
APPRÉCIATIONS		
POINTS FORTS : *Arthur a réussi à trouver sa place dans le groupe, à accepter les règles de vie et à gagner en maturité. C'est très bien.* *Le niveau scolaire est excellent et la réflexion souvent pertinente.* *Arthur s'exprime avec beaucoup de logique et de vocabulaire.* POINTS À AMÉLIORER : *Il reste à améliorer les compétences orthographiques et à mieux gérer le temps lors des devoirs.* *Je t'encourage à continuer dans cette voie au second trimestre !* *Je te fais confiance.*		
L'enseignant(e)	Le (la) directeur(trice)	Les parents, l'élève

1 **Repérer.** Quels sont les éléments transmis spécifiquement par l'école et évalués dans ce bulletin ?

2 **Illustrer.** Donnez deux exemples de règles de vie à respecter dans la classe.

3 **Analyser.** L'apprentissage de la gestion du temps sert-il uniquement à l'école élémentaire ? Justifiez.

Faire le bilan

Reliez chaque acquisition à l'instance de socialisation à l'origine de la transmission. Plusieurs réponses sont possibles.

- Pratiques au volant
- Culture générale
- Vocabulaire
- Capacité d'organisation
- Loisirs (violon)
- Capacité de travail
- Tricherie
- Fait de ne pas couper la parole

- Socialisation familiale
- Socialisation scolaire

MOTS CLÉS À MAÎTRISER

- Instance de socialisation

définition p. 74

3 Quel est le rôle des médias et du groupe de pairs dans la socialisation ?

Pour commencer

1 ACTIVITÉ

Analyser le style vestimentaire de votre classe

1. Observez vos camarades de classe et répertoriez le nombre d'élèves qui portent les vêtements suivants :

des baskets (ou équivalent) – un jean – un bas de survêtement – un sweat à capuche – un vêtement de marque – t-shirt – autre

2. Quel pourcentage de la classe cela représente-t-il pour chacun de ces éléments vestimentaires ?
(→ Fiche savoir-faire 8, p. 128)

3. Le style vestimentaire de votre classe :
- confirme l'idée d'un uniforme conforme à celui de l'image proposée ?
- confirme l'idée d'un uniforme mais différent de celui de l'image proposée ?
- infirme l'idée d'un uniforme car il y a trop de diversité ?

4. Quel critère influence le plus votre tenue vestimentaire : votre famille, vos amis, la publicité, l'école, la télévision ?

2 DOC Le rôle du groupe de pairs : l'exemple des cultures enfantines

Dans les années 1950, Iona et Peter Opie ont réalisé un recensement des blagues, devinettes, comptines, langues secrètes, superstitions (les incisives écartées portent bonheur) et rituels plus ou moins magiques (lire l'avenir dans le numéro des tickets de bus, révéler l'amour entre une fille et un garçon à partir des lettres de leur nom), que les enfants connaissent [...]. La description de ces cultures enfantines montre que ce que les enfants savent, pensent et font à un moment donné de leur existence ne leur a pas été appris par des adultes. [...] La majorité [des enfants] indique qu'ils ont appris les jeux auxquels ils jouent en récréation et les rituels qui les accompagnent par l'intermédiaire d'autres enfants de leur âge ou, plus rarement, par un frère ou un cousin un peu plus âgé, et non par leurs parents ou leurs enseignants. À côté de la socialisation verticale (entre adultes et enfants), une socialisation horizontale s'effectue précocement au sein des groupes d'enfants et elle contribue de façon importante à la construction des savoirs, des valeurs et des pratiques dans les premières années de la vie.

[...] À partir du moment où ils entrent à l'école, les enfants développent donc de manière croissante une vie sociale entre pairs qui échappe pour partie à la connaissance et au contrôle des adultes.

Martine Court, *Sociologie des enfants*, La Découverte, 2017.

1 Définir. Qu'entend-on par « cultures enfantines » ?

2 Illustrer. Donnez des exemples d'expressions verbales et de rituels propres aux jeunes enfants ou aux adolescents.

3 Expliquer. Qu'est-ce que la socialisation horizontale et comment s'effectue-t-elle ?

3 DOC L'impact de la télévision sur l'idéal féminin

Qu'est-ce qu'une belle femme ? Pour la majorité d'entre nous, c'est d'abord une femme mince. Mais d'où vient cette idée reçue ? À quel point est-elle façonnée par les médias ? [...]

L'étude [réalisée par un anthropologue de l'université de Neuchâtel] porte sur la comparaison de trois villages [du Nicaragua]. L'un d'entre eux, le village A, est équipé de la télévision depuis 2006. [...] Le village B reçoit pour sa part la télévision depuis 2009. [...] Enfin, les conditions de vie dans le village C sont identiques à celles du village B, sauf que la télévision n'y est pas encore installée. Hormis ces nuances, les trois villages sont peuplés de personnes de revenus et de niveaux d'éducation comparables, en majorité des Garifunas.

Quelque 112 participants, hommes et femmes [...] ont été suivis pendant trois ans et régulièrement questionnés sur leurs préférences en matière de corps féminin, par le biais d'images représentant des femmes de corpulence variable. Résultat, dans les deux villages ayant accès à la télévision, les personnes interrogées ont privilégié des images de femmes minces, alors que dans le village sans télévision, c'étaient les femmes plus rondes qui étaient désignées comme les plus attirantes.

Pascaline Minet, « Comment la télévision façonne l'idéal féminin », www.letemps.ch, 17 août 2017.

CONTEXTE

Un **anthropologue** étudie l'homme en société dans toutes ses dimensions et s'intéresse à la variabilité des formes de vie sociale. Il réalise des enquêtes de terrain pour collecter des données et s'immerge pour mieux les analyser.

1 **Repérer.** Quelle est la question posée par l'anthropologue ?

2 **Analyser.** Pourquoi est-ce important d'avoir un village sans télévision pour l'étude de l'anthropologue ?

3 **Analyser.** Quelle est l'influence de la télévision sur la représentation de l'idéal féminin ?

4 DOC Lire *Harry Potter* modifie-t-il les valeurs de ses lecteurs ?

À l'école de magie de Poudlard, où il étudie, [Harry Potter] rencontre un grand nombre d'élèves, [...] certains de « sang pur » [...] et d'autres non... Pour insulter ces derniers, il est d'ailleurs récurrent de les traiter de « Sang-de-Bourbe ». [...] Harry, lui, n'a pas de préjugés et il n'hésite pas à venir en aide à ceux que la communauté magique méprise parfois, voire à tisser de vrais amitiés avec eux [...]. Et si ce message de tolérance avait un impact sur les lecteurs d'*Harry Potter* et leur manière de considérer les minorités ? Pour répondre à cette question, des chercheurs italiens [...] ont d'abord travaillé pendant plusieurs semaines avec une classe de CM2 en Italie. Les enfants ont préalablement été sondés sur la manière dont ils voyaient les immigrés, puis on leur a lu chaque semaine un passage du livre. Au bout de six semaines, les enfants ont à nouveau été interrogés. [...] Ceux qui avaient lu des extraits liés aux discriminations étaient plus positifs qu'avant dans leur perception des immigrés. Et c'était d'autant plus le cas pour ceux qui s'identifiaient beaucoup à Harry Potter.

Claire Aboudarham, « Une étude prouve que lire *Harry Potter* rend plus tolérant », *Les Échos*, 2017.

1 **Repérer.** Quelles sont les deux catégories de population auxquelles appartiennent les élèves dans la saga ?

2 **Analyser.** Quelles sont les valeurs que Harry Potter porte dans les différents livres ?

3 **Expliquer.** Quel est l'impact de la lecture de *Harry Potter* sur les enfants selon les chercheurs italiens ?

Faire le bilan

Recopiez et complétez le texte avec les termes suivants :
valeurs – tyrannique – représentations – concurrencées – exclure – groupes de pairs – adultes – normes

La famille et l'école sont aujourd'hui ... par deux autres instances de socialisation. Les ... opèrent une socialisation, non des ... vers les enfants mais au sein des groupes d'enfants. Leur action est parfois ... et peut ... ceux qui n'adoptent pas les normes du groupe de pairs. Les médias, en proposant des ... corporelles ou en exposant les enfants à certaines ..., façonnent aussi les ... des enfants.

MOTS CLÉS À MAÎTRISER

- Groupe de pairs
➜ définition p. 74

Comment la socialisation est-elle différenciée selon le genre et le milieu social ?

Pour commencer

1 ACTIVITÉ

Identifier les qualités attendues chez les filles et les garçons

Vous êtes chargés de créer un t-shirt pour des enfants sur lequel figureront quelques adjectifs représentatifs de leur sexe sous la forme d'un nuage de mots comme dans l'exemple ci-dessous.

socialisation horizontale médias groupe de pairs sexe Socialisation instances de socialisation genre socialisation secondaire socialisation primaire famille socialisation verticale école socialisation différenciée

MOT CLÉ

Genre : processus par lequel la société construit la différence entre le féminin et le masculin et conduit à la valorisation du masculin par rapport au féminin.

Par groupe de trois ou quatre, choisissez six adjectifs qualificatifs dans la liste suivante et inscrivez-les sur chacun des t-shirts en les classant par ordre d'importance.

- ambitieux/se
- dynamique
- charmant(e)
- créatif/ve
- artiste
- rusé(e)
- déterminé(e)
- cool
- élégant(e)
- fier/ière
- courageux/se
- beau/belle
- débrouillard(e)
- sérieux/se
- tenace
- compétent(e)

1. Comparez vos choix avec ceux des autres groupes. Quels sont les trois adjectifs qui reviennent le plus pour les filles ? et pour les garçons ?

2. À quels domaines (famille, travail…) ces adjectifs se rattachent-ils ?

2 DOC Des jouets sexués et sexuants

Alors que deux tiers du travail domestique est assuré par les femmes et que 97 % de la population carcérale est composée d'hommes, les jouets encouragent la reproduction de rôles stéréotypés. Pour Sylvie Ayral, docteure en science de l'éducation et co-auteure du livre *Pour en finir avec la fabrique des garçons* (2014), « les jouets sont à la fois sexués (*ils sont destinés aux filles, ou bien aux garçons*) et sexuants. Ils confirment l'identité assignée des garçons et des filles ».

Avec des poupées et des déguisements de princesse, les filles apprennent à « s'occuper des autres et à être jolie ». Reléguées à l'espace domestique, elles sont dans une posture passive, d'attente du prince charmant. À l'inverse, l'inventivité et l'agressivité sont davantage stimulées chez les garçons. Souvent à l'extérieur et associés à l'action, ils sont invités à s'identifier aux super-héros.

Gaëlle Lebourg, « Comment les jouets fabriquent des destinées et assignent les garçons à la domination », *Les Inrocks*, 23 décembre 2015.

1 Illustrer. Quels jouets offre-t-on aux filles et aux garçons ?

2 Expliquer. Pourquoi offre-t-on des jouets stéréotypés aux filles et aux garçons ?

3 Expliquer. Pourquoi peut-on dire que les jouets sont « sexuants » ?

VIDÉO

Qu'est-ce que le genre ?

1 Repérer. Différenciez sexe et genre.

2 Analyser. Quel est l'intérêt du genre comme outil d'analyse ?

3 Déduire. Si l'on chausse les lunettes de genre, quelles inégalités entre hommes et femmes peut-on mettre au jour dans le domaine professionnel ?

3 DOC Dis-moi ce que tu manges et je te dirai qui tu es

« Je ne sais pas comment les gens peuvent faire des légumes tous les jours. Moi je peux vous faire des légumes, mais enfin bon ! C'est pas terrible quoi. Vous appréciez pas, quoi ! Moi je trouve que le moment de passer à table, c'est un moment tranquille, convivial. Et comme mon mari, je ne le vois pas de la journée, je le vois que le soir, je me vois pas lui servir des légumes ! Des haricots verts à l'eau ! Non, c'est pas motivant ! C'est pas agréable, c'est pas bon. »
Mme Dupont, en surpoids, employée, mariée, 1 enfant.

« Toujours des fruits en dessert, ça aussi, c'est une fierté. Enfin, c'est pas fait pour être fier, mais maintenant je suis fière du résultat quoi, mais mes enfants, si tu leur mets un fruit et une Danette à côté, ils prennent le fruit, y'a pas photo quoi, je trouve ça très très bien. »
Laura, corpulence normale, cadre, mariée, 2 enfants.

« Et puis, chez nous on est très charcuterie, hein. Moi je vois, on va dans la famille, ça commence par du pâté – du pâté de n'importe quoi, hein, du pâté de porc, du lapin, du gibier – y'aura toujours pâté, rillettes, ça d'emblée. Après y'a les crudités, par exemple (rires)... »
Sylvie, obèse, employée, mariée, 1 enfant.

« Le soir, oui, je fais toujours à manger un vrai repas. Un vrai repas qui convienne à tous les quatre.
– Du point de vue du goût ?
– Du point de vue du goût... Du point de vue aussi de la diététique. »
Françoise, corpulence normale, professeur d'université, mariée, 2 enfants.

Faustine Régnier,
« Obésité, goûts et consommation »,
Revue française de sociologie, 2009.

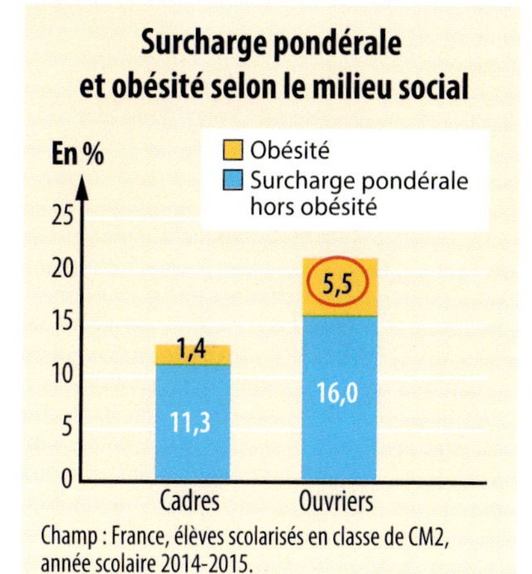

Source : Dress, ministère de la Santé, 2017.

1 **Comparer.** Comparez les normes alimentaires dans les différents témoignages.

2 **Lire.** Que signifie la donnée entourée ?

3 **Expliquer.** Montrez que les aliments préférés selon le milieu social conduisent à des taux d'obésité différents.

4 DOC Un contrôle parental identique selon le milieu social ?

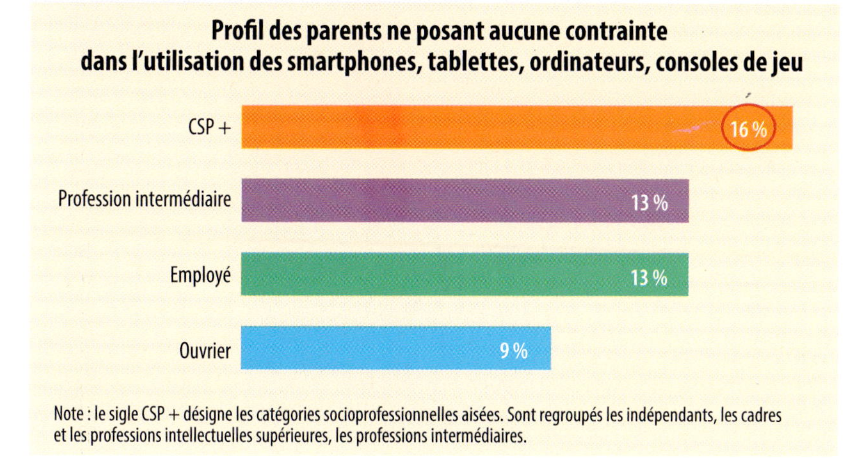

Source : Ifop, *Les Français et le jeu vidéo*, octobre 2018.

1 **Lire.** Que signifie la donnée entourée ?

2 **Calculer.** Calculez en points et en coefficient multiplicateur l'écart entre CSP+ et ouvriers. (→ Fiche savoir-faire 9, p. 130)

3 **Justifier.** Montrez que le contrôle parental n'est pas de même degré selon le milieu social.

Faire le bilan

Les affirmations suivantes sont-elles vraies ou fausses ? Justifiez votre réponse.

1. Les qualités attendues sont les mêmes pour les filles et les garçons.
2. Les jouets transmettent des stéréotypes de genre.
3. La créativité est une valeur stimulée chez les filles.
4. Tous les parents posent les mêmes contraintes à leurs enfants.
5. Les normes alimentaires des milieux bourgeois diffèrent de celles des milieux populaires.

- Genre
- Socialisation différenciée

→ définitions p. 74

L'essentiel

Comment devenons-nous des acteurs sociaux ?

Synthèse

1 Qu'est-ce que le processus de socialisation ?

- La **socialisation** est un processus continu durant lequel l'individu intériorise les **normes** et les **valeurs** de la société dans laquelle il vit et par lequel il construit son identité. Elle le prépare aussi aux **rôles** qu'il devra jouer en fonction des **statuts** occupés.
- On distingue trois modes de socialisation : l'inculcation (ou l'injonction), l'imitation et l'interaction. La socialisation commence dès l'enfance (socialisation primaire) et se poursuit tout au long de la vie (socialisation secondaire) au contact de sous-groupes spécifiques (travail, couple, association...).

2 Quel est le rôle de la famille et de l'école dans la socialisation ?

- La famille joue un rôle essentiel lors de la socialisation primaire car elle intervient précocement, durablement et, généralement, dans un climat affectif qui facilite la transmission aux enfants de valeurs, de normes et de savoirs.
- L'école constitue une autre **instance de socialisation**. L'enfant y intériorise non seulement des savoirs scolaires, mais aussi des valeurs comme le respect, l'honnêteté, et des règles de vie en société. Mais la socialisation à l'école se fait aussi dans des lieux plus informels comme la cour de récréation.

3 Quel est le rôle du groupe de pairs et des médias dans la socialisation ?

- Dès l'enfance, s'opère une socialisation entre pairs dite socialisation horizontale, qui vient s'ajouter à la socialisation verticale des parents vers les enfants. Ainsi, on peut observer une culture enfantine avec son langage, ses règles, ses rituels spécifiques. À partir du collège, les amis prennent une importance grandissante et peuvent agir de manière tyrannique. Par exemple, ne pas respecter le code vestimentaire peut conduire à l'exclusion du **groupe de pairs**.
- Les **médias** sont aussi devenus une instance puissante de socialisation. Livres, films ou séries peuvent influer sur les valeurs des individus. En véhiculant des stéréotypes, la télévision peut modifier les normes familiales.

4 Comment la socialisation est-elle différenciée selon le genre et le milieu social ?

- La socialisation n'est pas un processus uniforme. Dès la naissance, les instances de socialisation ne transmettent pas les mêmes valeurs et les mêmes normes aux filles ou aux garçons, car on ne leur assigne pas les mêmes rôles. On parle de **socialisation différenciée** selon le **genre**.
- La socialisation diffère aussi selon le milieu social. Ainsi normes et pratiques culturelles diffèrent entre milieux bourgeois et milieux populaires.

MOTS CLÉS

Genre : processus par lequel la société construit la différence entre le féminin et le masculin et conduit à la valorisation du masculin par rapport au féminin.

Groupe de pairs : ensemble de personnes présentant des éléments communs avec un individu (âge, préoccupations…).

Instances de socialisation : les personnes ou institutions qui participent à la transmission des valeurs et des normes.

Médias : ensemble des outils de diffusion massive de l'information (télé, radio, presse, livres, cinéma, internet…).

Normes : règles de conduite en usage dans un groupe ou une société.

Rôle : comportement attendu en fonction du statut occupé.

Socialisation : processus d'intériorisation des valeurs et normes sociales qui permet à l'individu de former son identité sociale et facilite son intégration à la société.

Socialisation différenciée : processus par lequel les normes et les valeurs transmises varient en fonction d'une situation (comme le genre) ou d'un environnement (comme le milieu social).

Statut : position sociale occupée dans un domaine de la vie sociale.

Valeurs : principes qui orientent l'action des individus (liberté, égalité…). Elles sont à l'origine des normes.

Schéma bilan

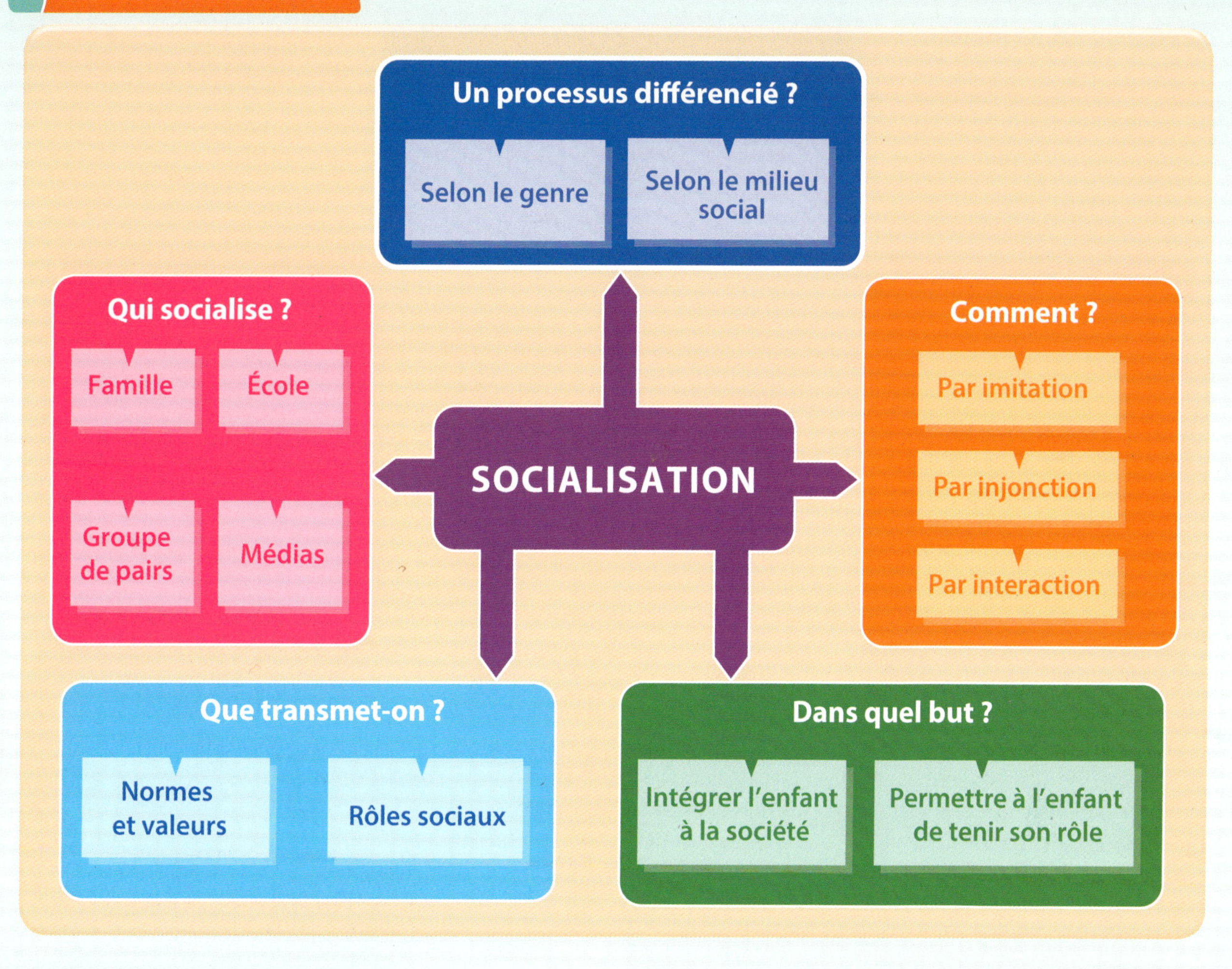

Prolongements

Un livre

La France des Belhoumi, Stéphane Beaud, La Découverte, 2018.

Une enquête qui retrace la trajectoire ascendante des enfants d'une famille algérienne installée en France depuis 1977. Elle met en lumière le rôle majeur pour les classes populaires de l'école mais aussi le poids du genre.

Un film

Marvin ou la belle éducation, Anne Fontaine, 2018.

Un film inspiré du livre autobiographique *En finir avec Eddy Bellegueule* d'Édouard Louis. Il dresse le portrait de Marvin Bijou, un jeune garçon provincial d'origine populaire qui, par le théâtre et ses rencontres avec le monde artistique, va changer de milieu social.

Exercices

POUR L'ENSEIGNANT
- Évaluation en classe interactive
- Fiche d'évaluation imprimable

Vérifier ses connaissances

Exercice 1

Reliez chacune de ces normes scolaires aux valeurs correspondantes.

Normes	Valeurs
Ne pas tricher	Politesse
Ne pas répondre de manière insolente	Égalité
Ne pas couper la parole	Honnêteté
Anonymat des copies de bac	Respect
Faire ses devoirs	Travail
Céder le passage à l'adulte dans les couloirs	
Arriver à l'heure	
Ne pas se moquer de ses camarades	

Exercice 2

Les affirmations suivantes sont-elles vraies ou fausses ? Justifiez votre choix.

1. La socialisation primaire se fait seulement au sein de la famille.
2. Les médias ne participent pas aux stéréotypes sur l'idéal féminin.
3. La famille ne transmet pas les mêmes valeurs et normes selon le milieu social.
4. La socialisation différenciée signifie que les filles sont différentes des garçons.
5. Le genre signifie que les différences entre le féminin et le masculin ne sont pas biologiques.
6. La socialisation s'opère uniquement à travers l'inculcation.
7. L'école ne joue pas de rôle dans la socialisation.
8. Le groupe de pairs est un ensemble de valeurs.
9. La socialisation s'effectue seulement entre des adultes vers les enfants.
10. Les garçons n'aiment pas le rose car c'est inné.

Exercice 3

Recopiez et complétez le schéma avec les termes suivants :

valeurs • inégalités • différenciées • transmission • rôles sociaux • normes

Socialisation différenciée selon le genre

...

... et ...

Attribution de

...

Pratiques ...

... économiques et sociales

Appliquer ses connaissances

Exercice 1 Classer les représentations transmises par la famille et l'école selon leur nature

les filles aiment jouer à la poupée • *les garçons sont turbulents* • *les filles sont appliquées* • *les hommes sont ingénieurs* • *les femmes ont des facilités pour l'écriture* • *les filles aiment le rose* • *les garçons visualisent mieux l'espace 3D* • *pompier n'est pas un métier de femme* • *les hommes sont ambitieux* • *les garçons aiment le foot*

Représentations portant sur les ...	
traits de personnalité	...
habiletés	...
activités/rôles sociaux	...

Exercice 2 Analyser un document statistique

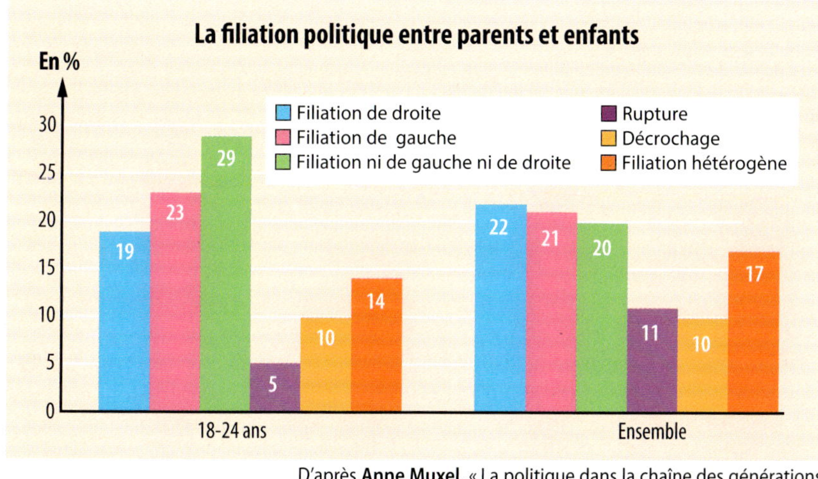

D'après **Anne Muxel**, « La politique dans la chaîne des générations. Quelle place et quelle transmission ? », *Revue de l'OFCE*, n° 156, 2018.

1. Calculez le pourcentage de Français qui s'inscrivent dans la continuité des choix politiques de leurs parents.
2. Comparativement à l'ensemble des Français, les jeunes sont-ils davantage dans la continuité de la filiation des choix politiques ?
3. Montrez, à l'aide de quelques données, que la socialisation politique au sein de la famille influence les choix politiques des jeunes.

Exercice 3 Analyser un tableau de répartition

L'expérience des activités culturelles au cours des douze derniers mois

	Lu un livre	Visité un monument ou un site historique	Été au théâtre	Assisté à une opéra ballet ou concert de musique classique
CPIS[1]	89 %	83 %	41 %	24 %
Ouvriers	71 %	51 %	12 %	9 %

1. Cadres et professions intellectuelles supérieures.

Source : d'après *Les pratiques culturelles des Français*, Ifop, 2017.

1. Rédigez une phrase avec chacune des données entourées.
2. Montrez, à l'aide de données et de calculs, que les pratiques culturelles sont différenciées selon le milieu social.

Le Lab SES

Synthétiser des informations

La socialisation des filles leur permet-elle de devenir ingénieures ?

Lire les documents

1 Que signifient les données entourées ? (doc 1)

2 Comparez la part des filles qui étudient dans le supérieur avec la part de celles qui sont en école d'ingénieurs. Que peut-on conclure ? (doc 1)

3 Quelle distinction opère-t-on pour mesurer les résultats en mathématiques des filles et des garçons? (doc 2)

Analyser les documents

4 Calculez l'évolution en pourcentage de la part des filles dans les écoles d'ingénieurs entre 1968 et 2017. (doc 1) (→ Fiche savoir-faire 9, p. 130)

5 Montrez, à l'aide de données chiffrées pertinentes pour chacun des cas, que le parcours des filles en école d'ingénieurs a évolué positivement mais reste différencié.

6 Quels sont les différents agents de socialisation qui véhiculent les stéréotypes de genre au sujet des compétences mathématiques ? (doc 2)

7 Quelles sont les deux explications opposées de la sous-représentation des filles dans les sciences ? (doc 2)

Synthétiser les documents

8 Montrez que le parcours différencié des filles en école d'ingénieurs peut s'expliquer par la socialisation différenciée selon le genre.

DOC 1 Le poids du genre sur le destin des « ingénieures »

Les études

	Filles	Garçons
Étudiants du supérieur	55,1 %	44,9 %
CPGE	42,6 %	57,4 %
CPGE scientifique	30,2 %	69,8 %
École d'ingénieurs	27,2 %	72,8 %

Évolution de la proportion des filles dans les écoles d'ingénieurs

1968	4,4 %
1990	18 %
2017	27,2 %

Qu'étudient les filles ingénieures ?

Agriculture et agroalimentaire	58,6 %
Informatique et sciences informatiques	15,5 %
Chimie, génie des procédés et science de la vie	58,5 %
Électronique et électricité	18 %

Niveau de revenu des ingénieurs

	Garçons	Filles
Salaire annuel médian brut	60 000 €	47 000 €

Source : d'après MEN et Cdefi, 2018.

DOC 2 Comment expliquer la sous-représentation des filles dans les sciences ?

Les filles obtiennent de moins bons scores que les garçons en mathématiques[1]. [Elles] tendent à obtenir de meilleurs résultats lorsqu'il s'agit de résoudre un problème de mathématiques (...) semblable à ceux rencontrés en classe. (...) [Mais] un résultat nettement inférieur dès qu'il s'agit d'appliquer un raisonnement scientifique. Si des explications naturalisantes reviennent régulièrement, comme la fameuse bosse des maths, [...] qui attribuent des compétences différentes aux cerveaux [...], la littérature sociologique est désormais abondante pour fournir d'autres systèmes explicatifs. La moindre représentation des filles serait liée à la force des représentations et des stéréotypes, qui font que les filles incorporent précocement l'idée que les sciences ne sont pas faites pour elles (ou qu'elles ne sont pas faites pour les sciences) [...] : ce « curriculum caché » s'élabore par les objets (manuels où les femmes n'apparaissent pas, [...]) , mais aussi par les multiples interactions différenciées, en particulier les remarques des adultes, qu'il s'agisse des parents ou des professeurs, en cours ou lors des conseil de classe, du collège à la classe préparatoire [...]. Le rapport de l'OCDE identifie ainsi comme explication principale le manque de confiance en soi des filles : « [...] lorsque les élèves ont davantage confiance en eux, ils s'autorisent à échouer, à procéder par tâtonnement, à coup d'essais et d'erreurs, autant de processus essentiels à l'acquisition des connaissances en mathématiques et en sciences. »

1. Dans la majorité des pays participant à l'enquête PISA.

Christine Détrez, **Clémence Perronnet**, « "Toutes et tous égaux devant la science" ? Évaluer les effets d'un projet sur l'égalité filles-garçons en sciences », *Agora débats/jeunesses*, n° 75, L'Harmattan/Presses de Sciences Po, 2017.

ENQUÊTE

Le Lab SES

Mesurer la pratique de la lecture chez les jeunes

Le milieu social et le genre influencent-ils la pratique de la lecture ?

DOC 1 Taux de lecteurs selon l'origine sociale

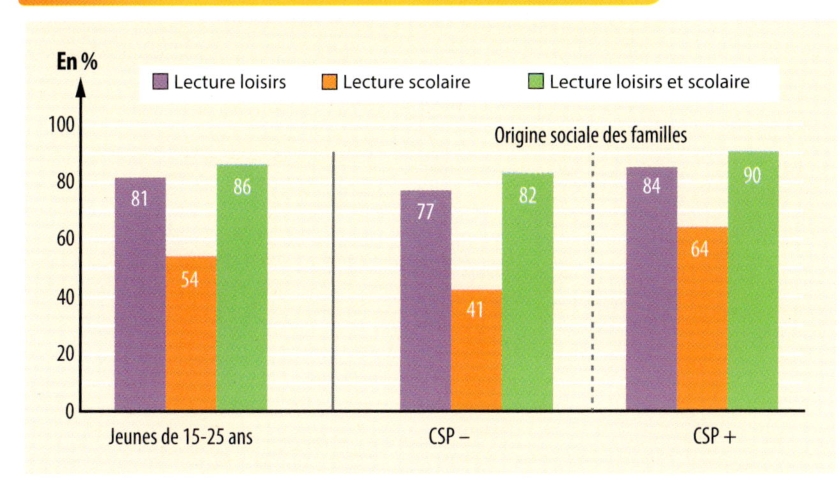

Note. Sondage réalisé selon la méthode des quotas à partir d'un échantillon de 1 507 personnes intérrogées.

Source : *Les Jeunes adultes et la lecture*, résultats d'étude, CNL-IPSOS, 19 juin 2018.

La différenciation de la lecture selon le milieu social

Comprendre les résultats d'une enquête

1 Recherchez et expliquez en quelques mots à quoi correspondent : un échantillon, la méthode des quotas.

2 Quel est le taux de lecteurs âgés de 15-25 ans ? Pourquoi cette donnée globale est-elle importante pour analyser les autres valeurs ?

3 Démontrez à l'aide de données et de calculs en points la conclusion du sondage : « Il existe des disparités selon la CSP ».

DOC 2 Questionnaire

1. Combien de livres avez-vous lus au cours des douze derniers mois ?

2. Quels genres de livres avez-vous lus au cours des 12 derniers mois ?
- ❏ Romans (classiques, science-fiction, fantastique, policier, autre)
- ❏ Mangas
- ❏ BD
- ❏ Livres pratiques

3. En moyenne, combien de temps passez-vous par semaine à lire des livres ?
- ❏ Entre 0 et 1 h
- ❏ Entre 1 h et 2 h
- ❏ Entre 2 h et 3 h
- ❏ Entre 3 h et 4 h
- ❏ + de 4 h

4. Le plus souvent, comment choisissez-vous un livre ?
- ❏ Vos amis
- ❏ Tout seul
- ❏ Vos parents
- ❏ D'autres membres de votre famille
- ❏ Vos professeurs
- ❏ Internet ou les réseaux sociaux
- ❏ Un libraire
- ❏ Un documentaliste
- ❏ Autre

5. Lisez-vous par goût ?
❏ Jamais ❏ Rarement ❏ Le plus souvent

6. Comment lisez-vous ?
❏ Format papier ❏ Numérique (tablette) ❏ Audio

La différenciation de la lecture selon le genre

Réaliser une enquête

Par groupe de 3 ou 4, réalisez une enquête sur la pratique de la lecture selon le genre au sein de votre classe ou d'une autre classe de seconde.

4 Précisez votre échantillon : nombre d'élèves, nombre et pourcentage de filles dans la classe.

5 Utilisez le questionnaire (doc 2) et différenciez les réponses selon que la personne interrogée est une fille ou un garçon.

Présenter les résultats

6 Transformez vos résultats en pourcentages de répartition et présentez-les sous la forme qui vous semble la plus adaptée (tableau statistique, camembert, nuage de mots, courbe...).

7 Rédigez une conclusion pour chacun de vos résultats.

Faire la synthèse

8 Montrez que la pratique de la lecture est différenciée selon le milieu social et le genre.

Transmet-on les mêmes valeurs et les mêmes normes à ses enfants selon son milieu social ?

Film américain
Réalisation : Matt Ross
Durée : 113 minutes
Année : 2016
DVD : TF1 Vidéo, février 2017

Captain Fantastic

Le film

Dans une forêt du nord-ouest américain, un père éduque ses enfants volontairement aux marges de la société en opposition aux valeurs dominantes. Le décès de la mère impose à ces Robinsons modernes de rejoindre le monde extérieur. Cette découverte conduira le père à questionner ses principes éducatifs.

L'extrait

Minutage :
du **début à 10'00**
Durée totale : 10 minutes

Cet extrait nous fait découvrir la vie au campement et les apprentissages des enfants. Il met aussi en scène le rituel de passage à l'âge adulte de l'aîné des enfants lors d'une chasse au cerf.

SE QUESTIONNER À PARTIR DE L'EXTRAIT

DÉCRIRE

1 Recensez les différents types d'apprentissage que le père transmet à ses enfants. À quelles valeurs et normes correspondent-ils ?

2 Comment s'effectue l'apprentissage scolaire des enfants ?

ANALYSER

3 Ces apprentissages sont-ils différenciés selon le genre ? Justifiez.

4 Parmi les valeurs et normes transmises par Ben, lesquelles sont en décalage, voire en opposition, avec celles en vigueur dans les sociétés modernes ?

CONCLURE

5 Quels apprentissages et quelles instances de socialisation sont absents de la socialisation des enfants ?

CONTREPOINT

DOC Quelles valeurs transmettre à ses enfants ?

Parmi ces valeurs, quelles sont celles que vous souhaitez le plus transmettre à vos enfants ?			
	Total	**CPS +**	**CSP –**
Autonomie	65 %	70 %	62 %
Bienveillance	61 %	59 %	61 %
Réussite	44 %	45 %	40 %
Sécurité	39 %	33 %	46 %
Tradition	36 %	34 %	34 %
Universalisme	36 %	40 %	35 %
Stimulation	34 %	38 %	30 %
Conformité	11 %	12 %	10 %
Hédonisme	11 %	11 %	11 %
Pouvoir	7 %	7 %	6 %

Base : Enquête réalisée en ligne auprès d'un échantillon de 601 parents d'enfants scolarisés au primaire et/ou au secondaire. Représentativité de l'échantillon assuré par la méthode des quotas.

Source : d'après le sondage « Transmettre », BVA pour l'*Appel et La Croix*, 2018.

1 Lire. Rédigez une phrase avec la donnée entourée.

2 Calculer. Calculez l'écart en points entre les réponses des CSP+ et CSP– pour la valeur « Stimulation ». (→ Fiche savoir-faire 8, p. 128)

3 Comparer. Comparez les valeurs transmises chez les CSP+ et les CSP–.

Synthèse

1 Montrez que la socialisation familiale peut compliquer l'adaptation des enfants de Ben au monde extérieur. Justifiez.

2 Les valeurs transmises par Ben sont-elles conformes à celles que les parents souhaitent transmettre ?

3 La socialisation par la famille est-elle uniforme selon les milieux sociaux ?

Chapitre 5

Comment s'organise la vie politique ?

Comment Donald Trump a-t-il remporté l'élection présidentielle de 2016 avec moins de voix que son adversaire Hillary Clinton ?

a Il a bénéficié du système électoral américain qui donne plus de poids à certains électeurs.

b Il a falsifié les résultats de l'élection.

c Il a été jugé le plus compétent pour ce poste.

d Il a menacé de déclencher un coup d'État s'il ne devenait pas président.

Quelle est l'utilité de porter un manteau d'hermine pour diriger un pays ?

a Cela permet de témoigner du respect aux autres chefs d'État lors des rencontres diplomatiques.

b Cela permet de valoriser le savoir-faire des artisans couturiers du pays.

c Cela permet de symboliser la supériorité du chef par rapport au reste de la société.

d Il n'y en a pas mais c'est vraiment tout doux.

Napoléon Ier sur le trône impérial, Ingres, 1806.

Pourquoi respecter les décisions votées par les élus si je ne les approuve pas ?

a Parce que j'ai quand même la liberté d'exprimer mon désaccord, en manifestant par exemple.

b Parce que je ne veux pas avoir de problèmes avec la police.

c Parce que, en démocratie, il est normal de respecter le choix de la majorité.

d Parce que c'est comme ça et pas autrement.

1 Quelles sont les spécificités du pouvoir politique ?

Pour commencer

1 ACTIVITÉ

Distinguer les formes de pouvoir

1. Quelles sont les personnes, parmi celles représentées ici, qui détiennent une forme de pouvoir ?
2. Complétez le tableau suivant pour chacune d'entre elles.

Qui détient le pouvoir ?	...	...	...
À qui ce pouvoir s'applique-t-il ?	...	...	...
Comment ce pouvoir est-il limité dans l'espace et dans le temps ?	...	...	...
Quelle est la fonction de cette forme de pouvoir ?	...	...	...

3. Laquelle de ces formes de pouvoir qualifieriez-vous de pouvoir politique ? Pourquoi ?

Selon le sociologue allemand Max Weber, le **pouvoir** est « toute chance de faire triompher, au sein d'une relation sociale, sa propre volonté, même contre des résistances ».

2 DOC Le pouvoir politique, un pouvoir « sacré »

Dans toutes les sociétés, le pouvoir politique n'est jamais complètement désacralisé. Dans les sociétés de type clanique, le culte des ancêtres assure en général la sacralisation d'un pouvoir encore mal différencié. Le « chef » de clan [...] transmet la parole des ancêtres aux vivants, celle des vivants aux ancêtres. Il se trouve partiellement « en marge », et dans une position de supériorité, par rapport au système social dont il assure la sauvegarde. C'est par cette « distance » que se manifeste sa participation à l'ordre du sacré, et c'est une telle participation qui légitime sa suprématie, ses privilèges et ses obligations. [...] [Dans les royautés] l'univers au sein duquel s'insère le souverain est plus celui du mythe que celui de la société « banale ». Il vit séparé matériellement : les enclos des palais royaux ou des chefferies le montrent [...]. Il vit au contact des symboles qui sont les attributs de la royauté et les signes d'une légitime détention [du pouvoir] (tambours ou tabourets sacrés). Il est au centre d'un cérémonial qui manifeste sa position à la fois *supérieure* et *séparée*, et en même temps le caractère sacré de sa personne.

Georges Balandier, « Réflexions sur le fait politique : le cas des sociétés africaines », *Cahiers internationaux de sociologie*, vol. 37, juillet-décembre 1964.

1 **Lire.** Quelle caractéristique du pouvoir politique peut-on retrouver dans toutes les sociétés ?

2 **Lire.** Que signifie la phrase soulignée ?

3 **Illustrer.** Quels sont les symboles de la détention légitime du pouvoir dans notre société ?

VIDÉO

L'investiture du président, un rituel politique

1 **Repérer.** Quels sont les symboles du pouvoir politique qui sont mis en scène ?

2 **Analyser.** En quoi la position du président est-elle « supérieure et séparée » ?

3 **Interpréter.** Pourquoi l'investiture du président nécessite-t-elle une cérémonie ?

3 DOC Les sources du pouvoir politique

Aurélien Ducoudray, **Mélanie Allag**, *L'Anniversaire de Kim Jong-Il*, Delcourt, 2016.

Luc Ferry, **Didier Poli**, **Clotilde Bruneau**, **Giuseppe Baiguera**, *Antigone*, Glénat, 2017.

Quino, *Mafalda, l'Intégrale 50 ans*, Glénat, 2014.

SOURCE DE LÉGITIMITÉ DU POUVOIR POLITIQUE		
Domination légale-rationnelle	**Domination charismatique**	**Domination traditionnelle**
Respect des lois et des règles rationnellement établies	Croyance dans les qualités exceptionnelles (réelles ou supposées) d'une personne	Respect des coutumes

D'après **Max Weber**, *Économie et société*, 1922.

1 Décrire. Qu'est-ce qui permet à ces différents personnages d'exercer le pouvoir politique ou que leur manque-t-il pour l'exercer ?

2 Déduire. À quel type de domination chacune de ces images correspond-elle ? Aidez-vous du schéma.

4 DOC Le pouvoir politique de l'État

Quelle est la singularité du pouvoir politique ? Le pouvoir politique est d'un genre particulier : il s'exerce sur l'ensemble de la société et non dans le secteur particulier. Une de ses particularités est qu'il peut favoriser l'extension et les limites de tous les autres pouvoirs ([...] notamment à travers l'arme du droit). [...] Tout pouvoir politique ne prend pas la forme d'un État. [...] Ce qui définit l'État, c'est un pouvoir juridiquement organisé qui monopolise la contrainte légitime sur un territoire où réside une population. Ce monopole ne s'est construit que lentement. Le pouvoir de l'État repose fondamentalement sur sa détention absolue du droit de faire la guerre (dimension externe) et de contraindre les individus (dimension interne). Mais le pouvoir de l'État porte aussi sur la définition de la vie collective et des valeurs qui unifient la communauté politique. L'État a de plus un pouvoir d'arbitrage. Il cherche à concilier des intérêts divergents et à pacifier les tensions sociales.

Rémi Lefebvre, *Leçons d'introduction à la science politique*, Ellipses, 2017.

1 Lire. L'État est-il la seule forme de pouvoir politique ? Justifiez votre réponse.

2 Expliquer. Quelle est la spécificité de l'État comme pouvoir politique ?

3 Illustrer. Donnez un exemple d'une forme de contrainte exercée par l'État et reconnue comme légitime.

Faire le bilan

Les affirmations suivantes sont-elles vraies ou fausses ? Justifiez vos réponses.

1. Aujourd'hui, les personnes qui exercent un pouvoir sont toujours élues.
2. Le pouvoir politique est nécessaire à la vie en collectivité.
3. Dans nos sociétés, le pouvoir politique comprend une part de sacré.
4. Pour détenir le pouvoir politique, il faut être une personne charismatique.

MOTS CLÉS À MAÎTRISER

- Pouvoir
- Pouvoir politique
- État

➜ définitions p. 92

2 Comment les pouvoirs sont-ils répartis entre les institutions ?

Pour commencer

Reconstituer la chronologie d'une loi : le droit au logement opposable

1. Remettez dans l'ordre chronologique les titres de presse suivants pour retrouver les étapes qui mènent à l'application d'une nouvelle loi.

2. Identifiez les différents acteurs impliqués dans chacune de ces étapes.

DROIT AU LOGEMENT OPPOSABLE : *les associations mobilisées pour l'examen du texte à l'Assemblée*

Le Monde.

Le **droit au logement** opposable institué

L'Express.

Des tentes au bord du canal Saint-Martin par solidarité avec les sans-abri

Le Monde.

DROIT AU LOGEMENT 11 000 € de pénalités pour la préfecture de l'Oise

Le Parisien.

Droit au logement : un projet de loi est déjà à l'étude

Le Monde.

2 DOC Le principe de séparation des pouvoirs

Il y a, dans chaque État, trois sortes de pouvoirs ; la puissance législative, la puissance exécutrice des choses qui dépendent du droit des gens, et la puissance exécutrice de celles qui dépendent du droit civil.

Par la première, le prince ou le magistrat fait des lois pour un temps ou pour toujours, et corrige ou abroge celles qui sont faites. Par la seconde, il fait la paix ou la guerre, envoie ou reçoit des ambassades, établit la sûreté, prévient les invasions. Par la troisième, il punit les crimes, ou juge les différends des particuliers. On appellera cette dernière la puissance de juger ; et l'autre, simplement la puissance exécutrice de l'État. [...]

Lorsque, dans la même personne ou dans le même corps de magistrature, la puissance législative est réunie à la puissance exécutrice, il n'y a point de liberté ; parce qu'on peut craindre que le même monarque ou le même sénat ne fasse des lois tyranniques, pour les exécuter tyranniquement. [...]

Tout serait perdu, si le même homme, ou le même corps des principaux, ou des nobles, ou du peuple, exerçaient ces trois pouvoirs ; celui de faire des lois, celui d'exécuter les résolutions publiques, et celui de juger les crimes ou les différends des particuliers.

Charles de Montesquieu, *De l'esprit des lois*, livre XI, chapitre VI, 1748.

1 Lire. Quelles sont les trois formes de pouvoir distinguées par Montesquieu ?

2 Expliquer. Que signifie la phrase soulignée ?

3 Interpréter. Pour Montesquieu, comment un État peut-il garantir la liberté des citoyens ?

VIDÉO

bordas Flash PAGE

Pouvoirs et contre-pouvoirs

1 Analyser. Pourquoi les démocraties doivent-elles respecter le principe de séparation des pouvoirs ?

2 Expliquer. Quels sont les rôles respectifs du pouvoir législatif, du pouvoir exécutif et du pouvoir judiciaire ?

3 Interpréter. Pourquoi peut-on dire, lorsque les pouvoirs sont séparés, que « chacun est le contre-pouvoir de l'autre » ?

3 DOC La séparation des pouvoirs dans la Ve République

PRÉSIDENT DE LA RÉPUBLIQUE
élu pour 5 ans

Nomme (parmi le groupe majoritaire à l'Assemblée)

GOUVERNEMENT
Premier ministre, ministres et secrétaires d'État

Motion de censure

Droit de dissolution

ASSEMBLÉE NATIONALE
577 députés élus pour 5 ans

Lois et budget

SÉNAT
348 sénateurs élus pour 6 ans

Consultation par référendum

GRANDS ÉLECTEURS
Députés, conseillers régionaux et départementaux, délégués des conseils municipaux

CITOYENS ÉLECTEURS
(hommes et femmes) de plus de 18 ans

■ Pouvoir exécutif ■ Pouvoir législatif ■ Suffrage universel direct ■ Suffrage universel indirect

MOT CLÉ

Suffrage universel : accorde le droit de vote à l'ensemble des citoyennes et citoyens, dès leur majorité civile.

1 **Lire.** Quels sont les acteurs qui exercent le pouvoir exécutif et le pouvoir législatif dans la Ve République ?

2 **Comparer.** Le président de la République, les députés et les sénateurs sont-ils élus de la même manière ?

3 **Analyser.** Quelles sont les relations entre le pouvoir législatif et le pouvoir exécutif ?

4 DOC Les spécificités du pouvoir judiciaire

Dominique Perben, *ancien garde des Sceaux* :
Je ne comprends pas qu'on veuille supprimer le ministère de la Justice ! Le garde des Sceaux est responsable de l'organisation de l'institution judiciaire, de ses moyens, de ses grandes orientations pénales... et heureusement ! [...] Actuellement, un lien hiérarchique régit les relations entre le pouvoir politique et les magistrats..., et c'est heureux ! Car les premiers, et eux seuls, tirent leur légitimité de l'élection. Il est donc normal que les seconds – qui sont au service de la loi – leur rendent des comptes...

Dominique Rousseau, *professeur de droit constitutionnel à l'université Paris 1 – Panthéon-Sorbonne* :
Le gouvernement est, par définition, idéologiquement marqué. La justice, elle, se doit d'être impartiale et objective. Les caractéristiques mêmes de l'exécutif et de l'institution judiciaire sont donc intrinsèquement incompatibles. On le sait, les juges doivent dans leurs décisions ne se référer qu'au droit et trancher de façon totalement indépendante des orientations politiques de l'exécutif. Il serait donc parfaitement logique de « sortir » la justice du gouvernement. Elle ne peut rester entre les mains d'un ministre marqué politiquement.

Marie Boëton, « Faut-il supprimer le ministère de la Justice ? », *La Croix*, 22 février 2018.

CONTEXTE

Les **magistrats** sont les détenteurs du pouvoir judiciaire. Ils sont nommés sur concours et deviennent ainsi fonctionnaires de l'État, sous l'autorité du ministère de la Justice.

1 **Lire.** Quel est le rôle du garde des Sceaux, ou ministre de la Justice ?

2 **Comparer.** En quoi le mode de sélection des magistrats est-il différent de celui des détenteurs du pouvoir exécutif ?

3 **Analyser.** Quelle est la spécificité de la justice par rapport au gouvernement selon Dominique Rousseau ?

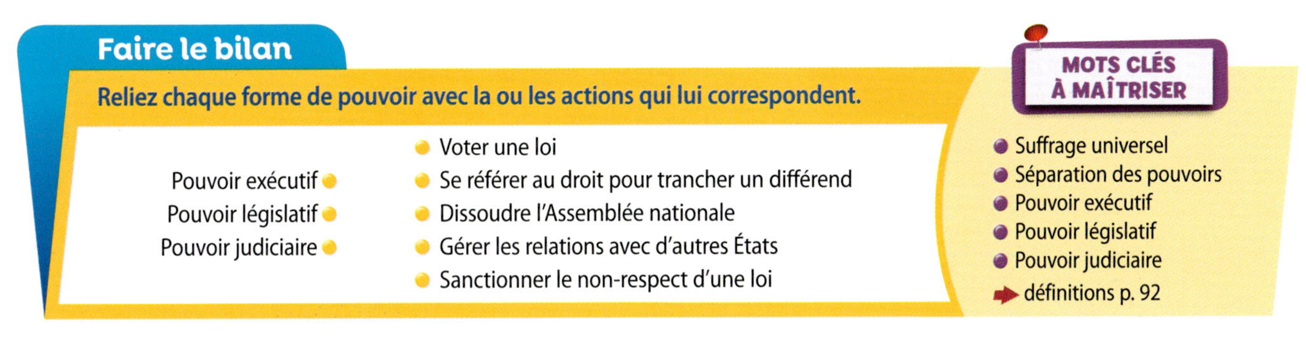

3 Comment les modes de scrutin structurent-ils la vie politique ?

Pour commencer

1 DOC Les différents modes de scrutin

MODE DE SCRUTIN

Majoritaire ou proportionnel ?

- **Scrutin majoritaire :** accorde la victoire, au sein d'une circonscription, au candidat obtenant le plus grand nombre de voix.
- **Scrutin proportionnel :** assure une représentation en sièges au prorata du nombre de voix obtenu.
- **Scrutin mixte :** combine le mode majoritaire et le mode proportionnel.

Quel type de candidatures ?

- **Scrutin uninominal :** un seul siège est à pourvoir dans la circonscription, ainsi les électeurs votent pour un seul candidat.
- **Scrutin plurinominal (ou scrutin de liste) :** plusieurs sièges sont à pourvoir, ainsi les électeurs votent pour plusieurs candidats, parfois organisés en listes.

Combien de tours ?

- **À un tour :** les sièges sont répartis entre les candidats d'après leurs résultats à cet unique tour.
- **À deux tours :** seuls certains candidats sont sélectionnés pour le second tour et peuvent donc remporter les sièges à pourvoir.

Les élections sont organisées géographiquement selon des circonscriptions, chaque citoyen pouvant voter dans une seule. Pour l'élection présidentielle, il existe une seule circonscription et les Français votent tous pour les mêmes candidats. Pour les élections législatives, en revanche, le territoire est découpé en 577 circonscriptions, chacune correspondant à un siège de l'Assemblée nationale.

1 **Définir.** Qu'est-ce qu'un mode de scrutin ?

2 **Distinguer.** En quoi le scrutin proportionnel diffère-t-il du scrutin majoritaire ?

3 **Illustrer.** Selon quel mode de scrutin le président de la République est-il élu en France ?

2 DOC L'influence du mode de scrutin sur le choix des députés

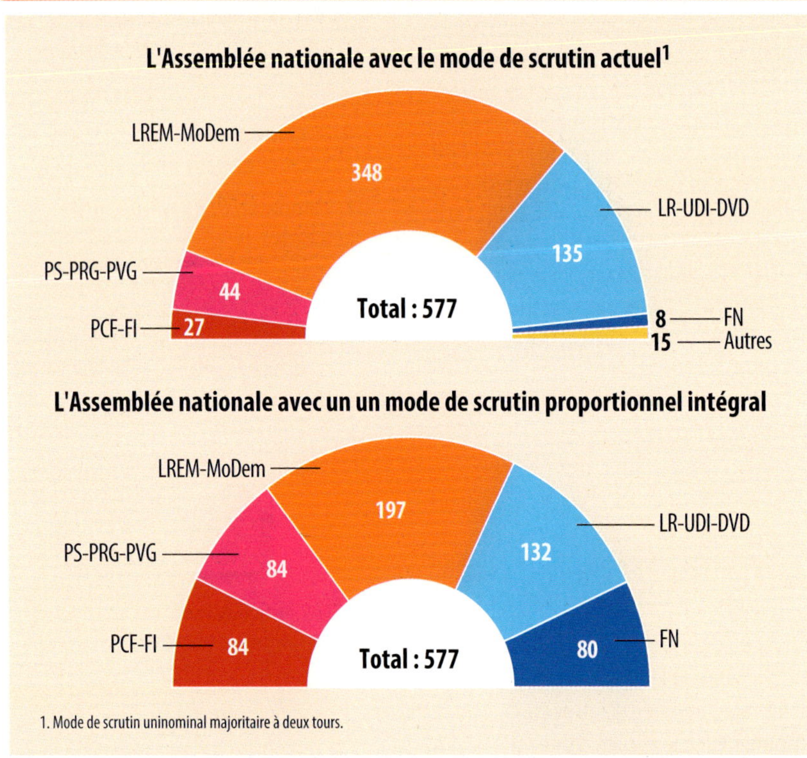

1. Mode de scrutin uninominal majoritaire à deux tours.

D'après le ministère de l'Intérieur.

CONTEXTE

Les membres de l'Assemblée nationale, appelés députés, sont élus lors des élections législatives.

1 **Calculer.** Quelle est la part en % des sièges obtenus par le groupe majoritaire avec le mode de scrutin actuel ? Quelle est la part en % des sièges obtenus par le groupe majoritaire avec le mode de scrutin proportionnel ?

2 **Comparer.** À l'aide d'un coefficient multiplicateur (→ Fiche savoir-faire 9 p. 130), mesurez l'écart entre le nombre de sièges obtenus par le groupe PCF-FI avec le mode de scrutin actuel et le nombre de sièges obtenus par ce même groupe avec une proportionnelle intégrale. Que remarquez-vous ?

3 **Argumenter.** Pour quel type de parti le scrutin majoritaire semble-t-il plus favorable ?

3 DOC Les modes de scrutin en Europe

L'idée d'introduire une dose de proportionnelle pour les prochaines élections législatives est dans l'air du temps. [Dans l'Union européenne,] seule la France et le Royaume-Uni n'ont pas de proportionnelle lors de leurs élections législatives. En France, il s'agit du scrutin majoritaire à deux tours, tandis qu'en Grande-Bretagne, il n'y a qu'un seul tour. [...]

Les partisans de la proportionnelle en France prennent souvent l'exemple de l'Allemagne. [...] C'est surtout la pratique de négociations pour former un gouvernement qui séduit les observateurs français. En 2013, les 470 000 adhérents du SPD avaient ainsi validé un accord de gouvernement négocié par leurs dirigeants pour former une « Grosse Koalition » avec la CDU d'Angela Merkel.

[En Italie,] le gouvernement a fait passer une réforme électorale, surnommée l'« Italicum », qui introduit une forte prime majoritaire pour la Chambre des députés. [...] Depuis la Seconde Guerre mondiale, l'Italie a connu plus de 60 gouvernements dont la durée moyenne a été d'environ un an. Les deux chambres sont élues à la proportionnelle intégrale et peuvent faire tomber le gouvernement. Or avec la proportionnelle ajoutée à des élections régulières, les majorités changent très souvent.

Fabien Cazenave, « Proportionnelle. Comment ça se passe ailleurs en Europe ? », *Ouest France*, 14 juin 2017.

1. **Décrire.** Quel est le mode de scrutin le plus courant au sein de l'Union européenne ?
2. **Expliquer.** Comment les gouvernements sont-ils formés en Allemagne ?
3. **Analyser.** Pourquoi l'Italie désire-t-elle se rapprocher d'un scrutin majoritaire ?

4 ACTIVITÉ

Expérimenter trois modes de scrutin différents

Un lycée décide de mettre en place un conseil des élèves, comprenant 10 représentants des élèves, qui aura pour rôle de décider de l'organisation générale de l'établissement. Les lycéens doivent donc voter pour l'un des trois partis qui se sont présentés, partis qui présentent des programmes assez différents.

Le parti rouge propose que tous les élèves puissent décider eux-mêmes des cours auxquels ils souhaitent assister, la suppression de l'évaluation dans toutes les classes et la mise en place de groupes de soutien solidaires entre élèves.

Le parti bleu propose la mise en place de classes à petit effectif pour les élèves les plus méritants, un durcissement des sanctions à l'égard des élèves turbulents et une évaluation annuelle des enseignants par les élèves.

Le parti vert propose que les élèves soient impliqués dans les travaux d'entretien et de jardinage, qu'une alimentation biologique et locale soit proposée à la cantine et que le temps de travail des élèves soit allégé.

Sur les 800 élèves du lycée, 289 soutiennent le parti rouge, 340 le parti bleu et 171 le parti vert. Mais tous ceux qui soutiennent le parti vert préfèrent le programme du parti rouge à celui du parti bleu. Différents modes de scrutin sont envisagés pour répartir les sièges en fonction des voix obtenues par chaque parti.

■ Recopiez et complétez le tableau avec les résultats de l'élection selon chaque mode de scrutin.

Proposition	Mode de scrutin	Résultat
1	**Scrutin majoritaire à un tour :** au premier tour, le parti qui a la majorité des voix l'emporte.	...
2	**Scrutin majoritaire à deux tours :** les deux partis en tête au premier tour passent au second ; au second tour, le parti majoritaire l'emporte.	...
3	**Scrutin proportionnel :** chaque parti obtient le même pourcentage de sièges que le pourcentage de voix qu'il a obtenu.	...

Faire le bilan

Recopiez et complétez le tableau suivant.

Mode de scrutin	Définition	Avantages	Inconvénients	Exemples d'élections où il est utilisé
Majoritaire	...	...	...	...
Proportionnel	...	...	...	...

MOTS CLÉS À MAÎTRISER

- Mode de scrutin
- Scrutin majoritaire
- Scrutin proportionnel
- Scrutin mixte

➜ définitions p. 92

4 Quels sont les acteurs de la vie politique ?

Pour commencer

1 DOC Les multiples acteurs de la vie politique

MOT CLÉ

Société civile organisée : ensemble des rassemblements structurés de citoyens, notamment les associations et les organisations syndicales et patronales.

1. **Repérer.** Quels sont les différents acteurs impliqués dans la réduction des inégalités salariales entre hommes et femmes ?
2. **Distinguer.** Parmi eux, lesquels appartiennent à la société civile organisée ?
3. **Analyser.** La vie politique se limite-t-elle à l'action des pouvoirs publics ?

2 DOC Les médias, un contre-pouvoir fondamental

Le climat d'hostilité à l'égard de la presse a gagné du terrain dans plusieurs pays du monde, notamment en Europe et aux États-Unis, selon le rapport annuel de Reporters sans frontières (RSF) publié mercredi 25 avril. Des journalistes déclarés *non grata*, des menaces, des insultes, des plaintes, une rhétorique anti-média au plus haut sommet du pouvoir... le « media bashing » (le dénigrement des médias) s'est amplifié au risque de menacer la démocratie, estime l'ONG. [...]

Si la critique des médias, qui n'a rien de très nouveau, est une arme politique, une carte à jouer qui peut s'inscrire dans une stratégie de campagne ou de communication, dès lors qu'elle est utilisée pour affaiblir le journalisme et le remettre en cause, elle peut être dangereuse et avoir de lourdes conséquences, avertit RSF qui écrit : « Les dirigeants politiques qui alimentent la détestation du journalisme portent une lourde responsabilité, car remettre en cause la vision d'un débat public fondé sur la libre recherche des faits favorise l'avènement d'une société de propagande. Contester la légitimité du journalisme, c'est jouer avec un feu politiquement extrêmement dangereux. »

Sarah Diffalah, « Le "média-bashing" se porte bien dans le monde et c'est une menace pour la démocratie », *L'Obs*, 25 avril 2018.

1. **Lire.** Quelles formes le dénigrement des médias prend-il dans les régimes démocratiques ?
2. **Expliquer.** En quoi les médias constituent-ils un contre-pouvoir ?
3. **Discuter.** Peut-on critiquer les médias en démocratie ?

3 DOC Le rôle des partis politiques en question

Selon vous, qu'est-ce qui permet aux citoyens d'exercer le plus d'influence sur les décisions prises en France ? Réponse « en premier » + « en second ».

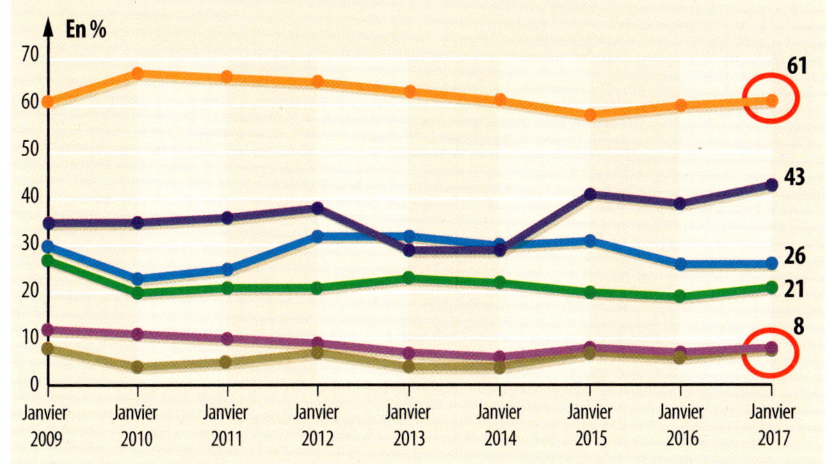

Cevipof, *Baromètre de la confiance politique - vague 9*, janvier 2018.

ARTICLE 4

Les partis et groupements politiques concourent à l'expression du suffrage. Ils se forment et exercent leur activité librement. Ils doivent respecter les principes de la souveraineté nationale et de la démocratie.

[...]

La loi garantit les expressions pluralistes des opinions et la participation équitable des partis et groupements politiques à la vie démocratique de la Nation.

Constitution de la Ve République, 1958.

1 **Repérer.** Quelle est la fonction des partis politiques selon la Constitution ?

2 **Lire.** Que signifient les données entourées ?

3 **Comparer.** Comment a évolué la part des enquêtés qui considère que militer dans un parti est un mode d'expression efficace entre 2009 et 2017 ?

4 ACTIVITÉ

Associer différents acteurs pour influencer la vie politique

Le glyphosate est un herbicide très utilisé par les agriculteurs, notamment pour les cultures de céréales et de fruitiers, car il permet d'accroître la production. Cependant, cet herbicide est considéré comme un cancérogène probable et on lui reproche de nuire à la biodiversité.

- Dans la classe, constituez deux équipes : l'une mobilisée pour l'interdiction du glyphosate, l'autre défendant la possibilité pour les producteurs d'avoir recours à l'herbicide. Dans chaque équipe, formez quatre groupes et réalisez la mission précisée ci-dessous, à l'aide de recherches personnelles si nécessaire.
Prenez le temps de réfléchir aux spécificités de votre rôle et aux arguments que vous allez avancer, en gardant à l'esprit le point de vue défendu par votre équipe.

- **Groupe 1.** Les journalistes écrivent un article de presse sur le sujet.
Groupe 2. Les députés du parti d'opposition rédigent une question au gouvernement, qu'ils peuvent adresser aux ministres à l'Assemblée nationale.
Groupe 3. Les membres d'une association produisent un communiqué de presse, qui expliquera le positionnement de leur association par rapport à cette question.
Groupe 4. Les syndicalistes rédigent un tract pour défendre leur point de vue.

Faire le bilan

Recopiez et complétez le texte à l'aide des mots et expressions suivantes :
médias – coopération – investigation – partis politiques – société civile organisée

Au sein des démocraties, les acteurs de la vie politique ne se limitent pas aux seules institutions : les **...** sélectionnent les candidats à l'exercice du pouvoir ; la **...**, composée d'associations et d'organisations syndicales, influence le pouvoir politique par la contestation ou la **...** ; les **...** informent les citoyens et mettent en débat l'action des pouvoirs publics, notamment grâce à un travail d'**...** .

MOTS CLÉS À MAÎTRISER

- Partis politiques
- Société civile organisée

➜ définitions p. 92

L'essentiel

Comment s'organise la vie politique ?

Synthèse

1 Quelles sont les spécificités du pouvoir politique ?

▶ Le **pouvoir politique** se distingue des autres formes de **pouvoir** car il s'applique dans l'ensemble de l'espace public et à tous les citoyens. Celles et ceux qui détiennent le pouvoir politique occupent ainsi une position supérieure et séparée du reste de la société. Ces personnes peuvent tirer leur pouvoir de la tradition, de leur charisme ou encore de la loi, comme c'est le cas dans les sociétés où le pouvoir politique s'institutionnalise sous forme d'État.

2 Comment les pouvoirs sont-ils répartis entre les institutions ?

▶ Les démocraties distinguent trois formes de pouvoir : législatif, exécutif et judiciaire. La **séparation de ces trois pouvoirs** permet de préserver les libertés individuelles car chaque pouvoir assure alors le contrôle des deux autres. Ainsi, en France, la Constitution de la Ve République confie le **pouvoir législatif** au Parlement, qui désigne à la fois le Sénat, soit 348 sénatrices et sénateurs élus au suffrage universel indirect pour six ans, et l'Assemblée nationale, qui compte 577 députées et députés élus au suffrage universel direct tous les cinq ans. Le **pouvoir exécutif** revient au président, élu lui aussi au **suffrage universel** direct tous les cinq ans, et au Premier ministre. Enfin, le **pouvoir judiciaire** est exercé par les magistrats, qui ne sont pas élus mais sont des fonctionnaires de l'**État**.

3 Comment les modes de scrutin structurent-ils la vie politique ?

▶ Pour désigner des représentants à partir des voix des électeurs, différents **modes de scrutin** sont possibles : le **scrutin majoritaire**, comme en France, le **scrutin proportionnel**, ou un mélange des deux (**scrutin mixte**). Ce choix a une influence sur la représentation politique dans chaque État. En effet, le scrutin majoritaire donne plus de poids aux grands partis, et il entraîne généralement une bipolarisation de la vie politique : deux partis ou deux camps forts exercent le pouvoir alternativement. Le scrutin proportionnel favorise davantage le multipartisme car il permet de représenter une plus grande diversité de courants politiques.

4 Quels sont les acteurs de la vie politique ?

▶ Dans les démocraties, le pouvoir politique s'exerce aussi grâce à la contribution de différentes organisations, qui permettent l'expression politique des citoyens en dehors des périodes électorales et constituent des **contre-pouvoirs** importants. Ainsi, les **partis politiques** mobilisent des militants pour promouvoir leurs idées auprès des citoyens et constituent une force d'opposition lorsqu'ils ne sont pas au pouvoir. De même, la **société civile organisée** influence la vie politique par un travail de négociation ou d'opposition aux pouvoirs publics dans des domaines bien définis. Les **médias** peuvent renforcer cette influence en relayant l'action de la société civile et jouent un rôle d'information vis-à-vis des citoyens.

MOTS CLÉS

État : institution qui, selon Max Weber, exerce au sein d'un territoire donné le monopole de la contrainte, considérée comme légitime, sur la population.

Mode de scrutin : règle adoptée lors d'une élection pour passer du décompte des voix à la désignation des élus.

Parti politique : organisation dont les membres se réunissent autour d'idées ou d'intérêts communs dans le but d'exercer le pouvoir politique.

Pouvoir : capacité d'imposer sa volonté à une autre personne ou à un groupe de personnes.

Pouvoir exécutif : pouvoir chargé de mettre en œuvre la loi et de conduire la politique de la Nation.

Pouvoir judiciaire : pouvoir chargé de contrôler l'application de la loi et de trancher les conflits entre citoyens.

Pouvoir législatif : pouvoir chargé de la rédaction et de l'adoption des lois.

Pouvoir politique : capacité d'imposer des règles à l'ensemble d'une société dans une diversité de domaines.

Scrutin majoritaire : règle selon laquelle une circonscription est représentée par le candidat ou la liste ayant obtenu la majorité des suffrages exprimés.

Scrutin mixte : règle de désignation des élus impliquant une part de majoritaire et une part de proportionnelle.

Scrutin proportionnel : règle selon laquelle, dans une circonscription, chaque liste obtient un nombre de sièges proportionnel à son nombre de voix.

Séparation des pouvoirs : principe fondateur des démocraties modernes selon lequel les trois pouvoirs (exécutif, législatif, judiciaire) doivent être exercés par des instances ou institutions distinctes.

Société civile organisée : ensemble des rassemblements structurés de citoyens, notamment les associations et les organisations syndicales et patronales.

Suffrage universel : accorde le droit de vote à l'ensemble des citoyennes et citoyens, dès leur majorité civile.

Schéma bilan

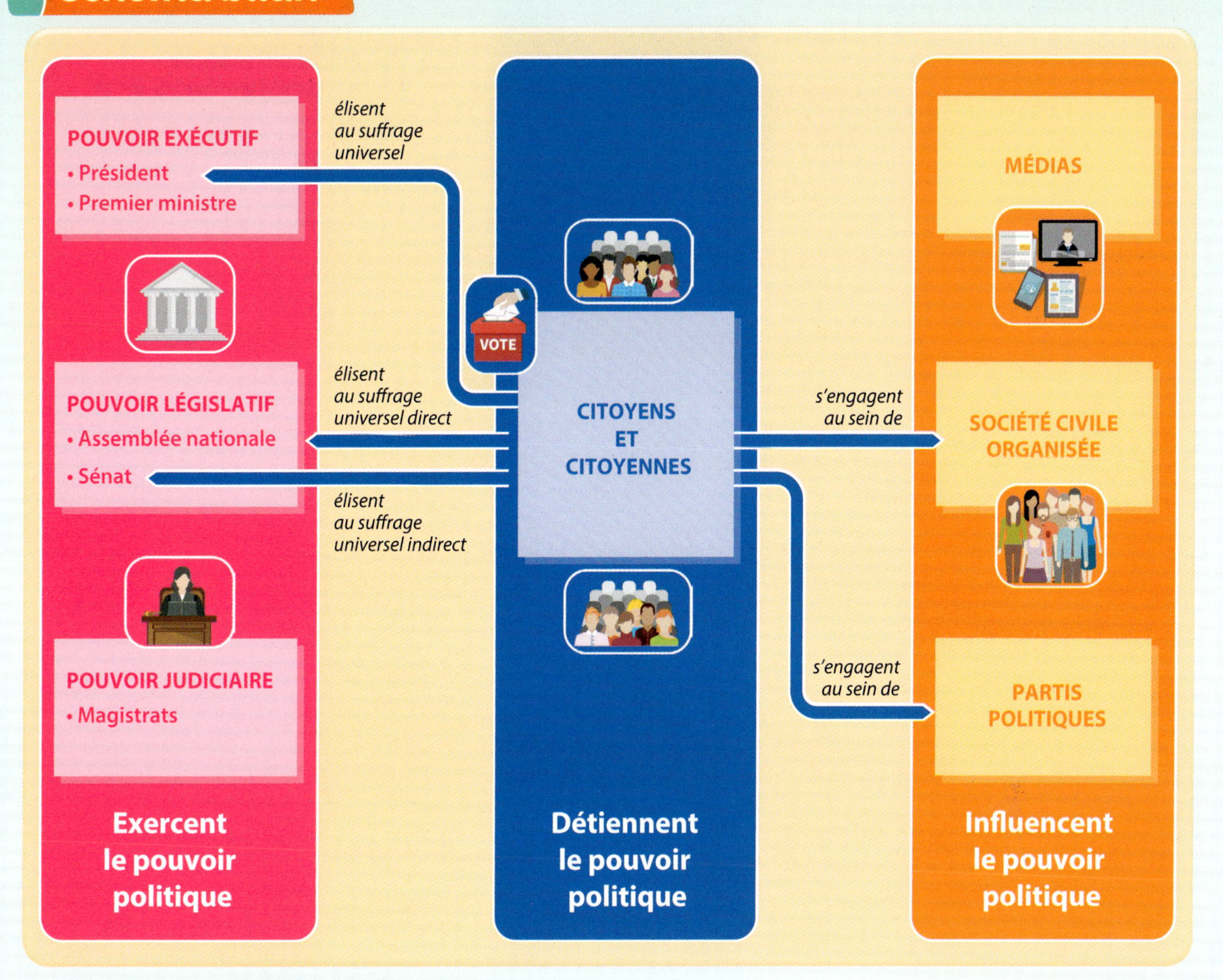

Prolongements

Un film

Woman at war, de Benedikt Erlingsson, 2018.

Une citoyenne islandaise fait tout pour chasser un industriel de l'aluminium de son pays, contre la volonté du gouvernement.

Une bande dessinée

Faire la loi, Hélène Bekmezian, Patrick Roger, Aurel, Glénat, 2017.

Les péripéties d'une loi, de sa conception à son adoption : un vrai jeu de loi…

Exercices

Vérifier ses connaissances

POUR L'ENSEIGNANT
- Évaluation en classe interactive
- Fiche d'évaluation imprimable

Exercice 1

Sélectionnez la (ou les) bonne(s) réponse(s) parmi ces propositions.

1. Lesquels de ces acteurs constituent-ils des contre-pouvoirs ?
a. L'Assemblée nationale.
b. Les médias.
c. La société civile organisée.

2. Laquelle de ces missions peut être assurée par le Premier ministre ?
a. Proposer une nouvelle loi.
b. Sanctionner la non-application d'une loi.
c. Adopter un texte de loi.

3. Lequel de ces modes de scrutin est-il utilisé pour les élections législatives en France ?
a. Le scrutin majoritaire à un tour.
b. Le scrutin proportionnel.
c. Le scrutin majoritaire à deux tours.

Exercice 2

Trouvez l'intrus dans chacune de ces séries.

1. *Constitution • élections • représentants • séparation des pouvoirs • tradition*
2. *proposition de loi • Sénat • projet de loi • Parlement • vote de la loi*
3. *organisations patronales • société civile organisée • partis politiques • syndicats • associations*

Exercice 3

Recopiez et complétez la grille.

Horizontalement
1. Il défend les intérêts des travailleurs.
2. C'est le pouvoir exercé par le Parlement.
3. Il présente des candidats et candidates aux élections.
4. Cette personne fait partie du gouvernement.
5. Elle est dite nationale lorsqu'elle vote les lois.

Verticalement
a. Il compte 348 membres élus au suffrage universel indirect.
b. C'est le pouvoir chargé de contrôler l'application de la loi.
c. Ces personnes détiennent un pouvoir légitime en démocratie.
d. Ce mode de scrutin favorise les grands partis.
e. Ils assurent l'information des citoyens et citoyennes.

Appliquer ses connaissances

Exercice 1 Utiliser des pourcentages de répartition pour analyser des résultats d'élections

DOC A Résultats de la 2e circonscription du Nord au 1er tour des élections législatives de 2017 en France

	Nombre	Part en % des inscrits	Part en % des votants
Inscrits	86 663	–	–
Abstentions	46 195	53,30	–
Votants	40 468	...	–
Blancs	553	0,64	1,37
Nuls	263	0,30	0,65
Exprimés	39 652	45,75	97,98

D'après les données du ministère de l'Intérieur.

1. Que signifient les données entourées ?
2. Comment pouvez-vous retrouver facilement la part des votants parmi les inscrits ?
3. Les votes blancs sont-ils considérés comme des suffrages exprimés ?

DOC B Voix obtenues par les principaux candidats de la 2e circonscription du Nord au 1er tour des élections législatives de 2017 en France

Nuances des candidats	Voix	Part en % des suffrages exprimés
LREM	8 935	...
FI	7 598	...
PS	7 314	...
FN	5 554	...
LR	4 731	...
EELV	1 920	...
Total des suffrages exprimés	**39 652**	**100 %**

D'après les données du ministère de l'Intérieur.

4. À l'aide des données des tableaux A et B, calculez la part des suffrages exprimés obtenue par chaque candidat.
5. Les candidats ayant obtenu au moins 12,5 % des suffrages exprimés au premier tour sont sélectionnés pour le second tour. Lesquels seront présents dans cette circonscription ?

Exercice 2 Comparer deux types d'élections

DOC Les élections européennes en France

Les élections européennes permettent aux citoyens européens de désigner leurs représentants au Parlement européen : les députés européens, également appelés eurodéputés. [...]

La loi du 25 juin 2018 relative à l'élection des représentants au Parlement européen rétablit une circonscription unique qui était déjà en vigueur avant les élections de 2004. [...]

Les élections européennes ont lieu au suffrage universel direct à un tour. Les candidats sont élus pour cinq ans selon les règles de la représentation proportionnelle à scrutin de liste à la plus forte moyenne. Les partis ayant obtenu plus de 5 % des suffrages bénéficient d'un nombre de sièges proportionnel à leur nombre de voix.

Source : d'après www.vie-publique.fr.

■ À partir du texte et de vos connaissances tirées du chapitre, retrouvez les ressemblances et les différences entre les élections européennes et les élections législatives en France.
Recopiez et complétez le tableau suivant.

Élections	Élections législatives	Élections européennes
Institution concernée	...	...
Personnes élues	...	...
Nombre de circonscriptions	...	...
Mode de scrutin	...	...

Le Lab SES

SAVOIR-FAIRE
➔ Fiche 3, p. 120

Construire une argumentation

Quel est le rôle des partis politiques en démocratie ?

Repérer des arguments dans un document

1 Quelle est l'idée principale de chacun des deux textes ? Reformulez-la en une phrase.

2 Comment cette idée est-elle illustrée dans chaque texte ?

3 Quelles données précises permettent-elles de caractériser le niveau de confiance accordé aux partis politiques ? (doc 3)

Sélectionner des arguments pour répondre à une question

4 À l'aide de vos connaissances et des documents, listez des arguments permettant de répondre à la question : « L'existence de partis politiques est-elle nécessaire au fonctionnement de la démocratie ? »

5 Classez-les ensuite dans un tableau à deux colonnes : l'une pour les arguments en faveur du « oui », l'autre pour ceux en faveur du « non ».

Arguments en faveur...	
... du oui	... du non
...	...

Rédiger un paragraphe argumenté

6 Rédigez l'un des arguments de votre tableau sous la forme d'un paragraphe argumenté :
– affirmez d'abord votre idée en une phrase simple ;
– expliquez ensuite cette idée en recourant au maximum au vocabulaire du cours ;
– illustrez-la, enfin, à l'aide de faits précis, issus par exemple des documents du chapitre.

DOC 1 Quelle est la fonction traditionnelle des partis ?

Une des fonctions traditionnellement assignées aux partis politiques est l'attribution des investitures partisanes lors des différentes élections locales ou nationales. [...] L'éligibilité repose, pour une large part, sur les ressources conférées par l'attribution du label partisan. [...] Les luttes intra-partisanes organisent la compétition pour le droit de revendiquer la marque partisane lors des élections. Les partis fonctionnent comme des lieux d'apprentissage pour ceux qui veulent faire de la politique leur « métier ».

Rémi Lefebvre, *Leçons d'introduction à la science politique*, Ellipses, 2017.

DOC 2 Des partis éloignés de la société ?

M. Vergnol – *Quels sont les mécanismes qui ont généré une telle crise des partis politiques, qui structuraient jusqu'à présent la vie politique française ?*

W. Pelletier – Les partis ne sont pas en voie de disparition. Ils sont en voie d'autonomisation renforcée, ce qui est totalement différent. Ils s'autonomisent, de plus en plus, vis-à-vis des secteurs sociaux auxquels ils étaient auparavant attachés. [...] La grande majorité des élus ne sont pas issus des milieux populaires et ne connaissent, dans leur entourage, que très rarement des ouvriers, des employés, des locataires en galère... Les professions intermédiaires, ouvriers et employés, constituent 75 % de la population, mais seul un député sur vingt provient de ces catégories.

Maud Vergnol, « Willy Pelletier[1] : Que faire des partis politiques ? », *L'Humanité*, 24 août 2018.

1. Willy Pelletier est un sociologue français.

DOC 3 Quel niveau de confiance est accordé aux partis ?

Avez-vous très confiance, plutôt confiance, plutôt pas ou pas confiance du tout dans chacune des organisations suivantes... ?

	Très confiance	Plutôt confiance	Plutôt pas confiance	Pas confiance du tout	NSP
Police	15 %	58 %	16 %	8 %	3 %
École	8 %	57 %	24 %	8 %	3 %
Associations	8 %	55 %	22 %	11 %	4 %
Justice	3 %	41 %	35 %	18 %	3 %
Syndicats	2 %	25 %	35 %	34 %	4 %
Banques	1 %	26 %	39 %	30 %	4 %
Médias	1 %	23 %	40 %	33 %	3 %
Partis		9 %	44 %	43 %	4 %

Source : d'après le baromètre de la confiance politique, vague 9, OpinionWay pour SciencePo, janvier 2018.

JEU

Le Lab SES

Le jeu de loi

Quelles sont les étapes de l'élaboration d'une loi ?

Déroulement du jeu

Répartissez-vous en deux équipes : celle des ministres et celle des parlementaires. Au sein de chaque équipe, mettez-vous d'accord sur un projet de loi (pour les ministres) ou une proposition de loi (pour les parlementaires) qui vous tient à cœur.

1. Lancez le dé une première fois dans chaque équipe : celle obtenant le chiffre le plus élevé commencera.
2. Lors de chaque tour, lancez le dé et avancez du nombre de cases correspondant.
3. À la fin du circuit, n'allez sur la case finale que si vous pouvez avancer du nombre de cases exactement nécessaire. Si le dé affiche un chiffre supérieur, reculez du nombre de cases qu'il vous reste à parcourir.

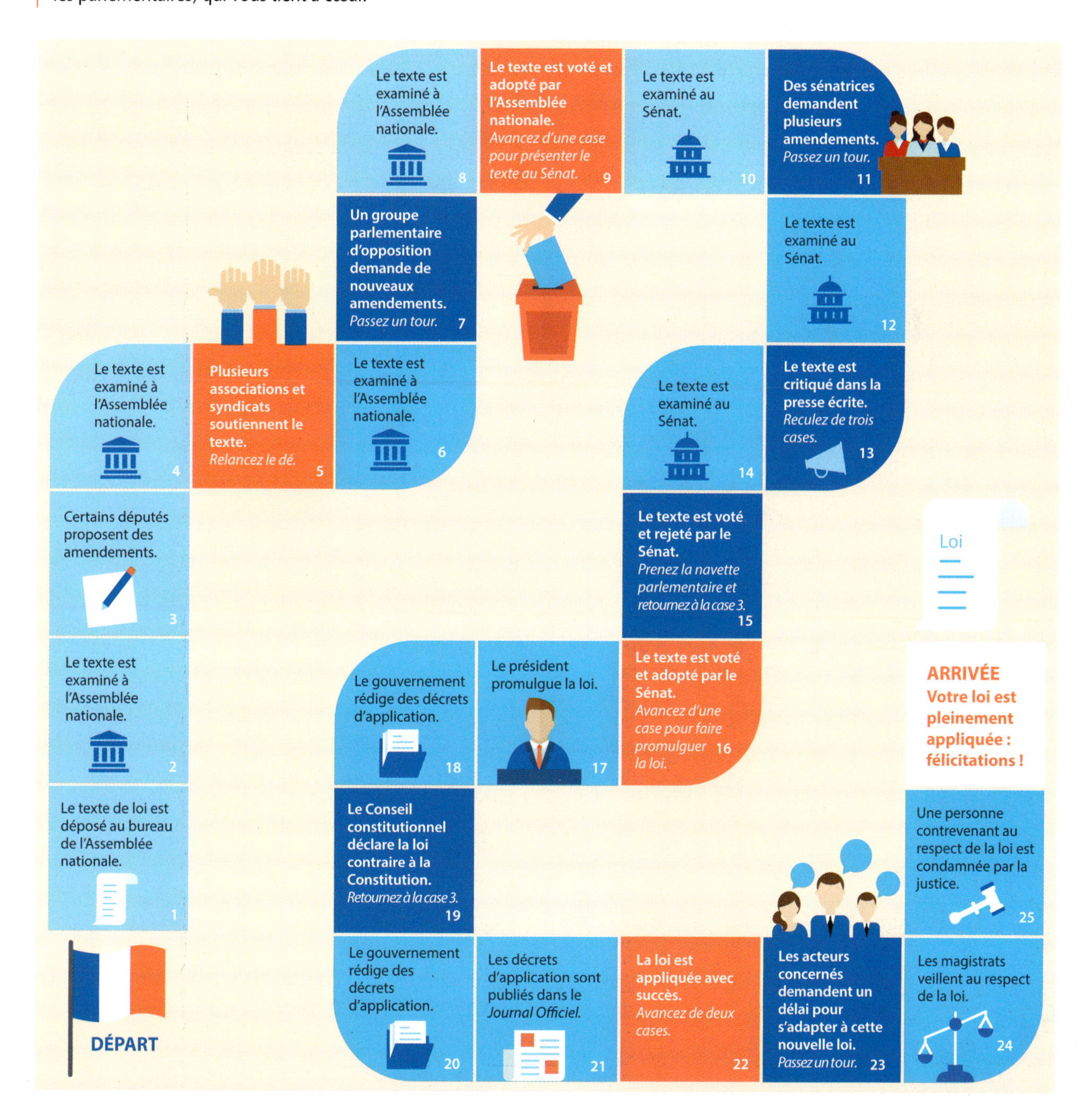

Quelles stratégies pour obtenir une majorité de gouvernement ?

Série française

Réalisation : Ziad Doueiri et Antoine Chevrollier

Durée de la saison 2 : 8 épisodes de 55 minutes

Année : 2018

DVD : Studiocanal, février 2018

Baron noir

La série

Baron Noir suit des hommes et des femmes politiques en quête de pouvoir, à commencer par son protagoniste, Philippe Rickwaert, membre du Parti socialiste (PS) et ancien maire de Dunkerque. La série nous renseigne ainsi sur les conflits d'idées en politique, mais aussi les stratégies menées entre partis et à l'intérieur même des partis pour exercer le pouvoir politique, que ce soit à l'échelle locale ou nationale. Cette seconde saison suit la montée au pouvoir d'Amélie Dorandeu, candidate du PS pour l'élection présidentielle.

Les extraits

Minutage :
épisode 1 **de 15'20 à 16'47**, épisode 2 **de 26'13 à 29'08**

Durée totale : 5 minutes

Qualifiée pour le second tour de la présidentielle, Amélie Dorandeu se retrouve face au candidat du Front national. Pour pouvoir gouverner, il lui faudra remporter cette élection mais aussi, par la suite, obtenir une majorité en sa faveur à l'Assemblée nationale. Dès l'entre-deux-tours de la présidentielle, le PS se met donc à la recherche de stratégies pour obtenir des sièges de députés, que ce soit en s'alliant avec un autre parti ou bien en faisant appel à la société civile.

SE QUESTIONNER À PARTIR DES EXTRAITS

DÉCRIRE

1 Quand les élections législatives ont-elles lieu par rapport à l'élection présidentielle ?

2 Le PS peut-il, à lui seul, obtenir une majorité de sièges à l'Assemblée nationale ?

3 Quel est le profil des candidats issus de la société civile cités dans l'épisode 2 ?

ANALYSER

4 Quelle fonction les alliances entre partis ont-elles au moment des élections législatives ?

5 Pourquoi Amélie Dorandeu souhaite-t-elle proposer aux élections législatives des candidats issus de la société civile et n'adhérant pas au PS ?

CONCLURE

6 En quoi est-il important pour la présidente d'obtenir une majorité en sa faveur en l'Assemblée nationale ?

7 Quelles stratégies envisage-t-elle pour y parvenir ?

CONTREPOINT

DOC Quand la société civile accède au pouvoir

C'est devenu un étendard de La République En Marche ! : l'entrée de la « société civile » dans les institutions politiques serait la condition du renouvellement de la vie politique. La moitié des candidats LREM aux législatives, la moitié du gouvernement... Emmanuel Macron a fait la part belle à ces personnalités extérieures au monde politique. Mais l'expression « société civile » cache des situations très différentes et certains ministres désignés sous cette bannière sont loin d'être étrangers à la politique.

Le terme en lui-même est vague et très englobant. Il fait surtout référence à tous les acteurs non gouvernementaux, comme les associations, les cercles de réflexion ou encore les groupes d'intérêt. L'Union européenne, dans son Livre blanc sur la gouvernance, y ajoute les syndicats, partenaires sociaux, les organisations non gouvernementales (ONG) ou les communautés religieuses. Pour simplifier, la société civile désigne tout ce qui émane d'une initiative citoyenne hors du cadre étatique.

Et c'est précisément la raison pour laquelle le terme a eu un tel succès durant la campagne présidentielle. Pour beaucoup de candidats, la « société civile » était une manière de désigner, voire de dénoncer, la professionnalisation de la politique.

Eléa Pommiers, « Les ministres de la société civile sont-ils vraiment étrangers à la politique ? », *Le Monde*, 19 mai 2017.

1 **Définir.** Quels types d'acteurs peut-on retrouver sous le terme de société civile ?

2 **Analyser.** Comment expliquer le recours des candidats à la présidentielle aux acteurs issus de la société civile ?

Synthèse

1 Selon la série, quel intérêt y a-t-il à proposer des candidats issus de la société civile aux élections législatives ?

2 Selon le texte, l'appel à la société civile est-il réellement un moyen de renouveler la vie politique ?

3 En quoi le recours à la société civile peut-il s'intégrer à la stratégie électorale des partis ?

Chapitre 6

Quelles relations entre le diplôme, l'emploi et le salaire ?

Pourquoi poursuivre ses études ?

a Parce que la loi française oblige tous les élèves à poursuivre des études supérieures.

b Parce qu'il est impossible d'obtenir un travail sans être diplômé de l'enseignement supérieur.

c Parce que les jeunes poursuivent leurs études pour faire plaisir à leurs parents.

d Parce qu'obtenir un diplôme c'est augmenter ses chances d'insertion professionnelle et ses opportunités salariales.

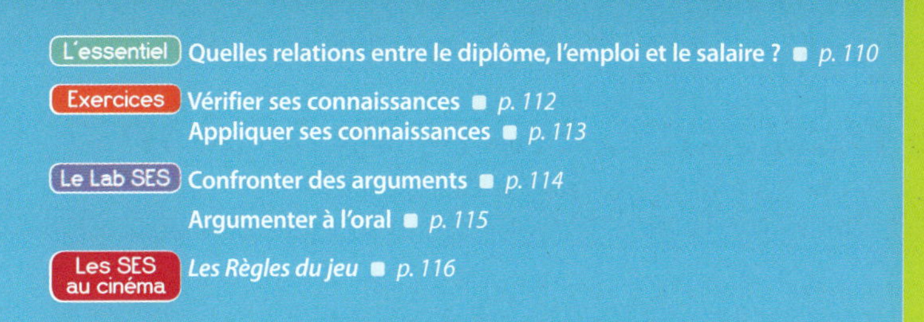

Suffit-il d'avoir un diplôme pour trouver un emploi ?

a Oui, 100 % des diplômés occupent un emploi.

b Non, certains domaines d'études offrent des débouchés limités sur le marché du travail.

c Non, les jeunes aujourd'hui ne font pas suffisamment d'efforts pour trouver un emploi.

d Non, l'embauche d'un jeune diplômé coûte trop cher pour une entreprise.

Pourquoi les femmes gagnent-elles moins que les hommes ?

Source : Insee, *Tableaux de l'économie française*, 2018 (données 2015).

a Parce que les femmes sont moins diplômées que les hommes.

b Parce qu'à poste équivalent, la loi française autorise les employeurs à payer moins une femme qu'un homme.

c Parce que les femmes travaillent plus souvent à temps partiel et n'exercent pas les mêmes métiers que les hommes.

d Parce que les femmes travaillent moins efficacement que les hommes.

1 Quels diplômes pour quels emplois ?

Pour commencer

1 ACTIVITÉ

Identifier les liens entre niveau de diplôme et qualification de l'emploi

Emploi : activité professionnelle rémunérée et déclarée qui donne accès à un revenu et à des droits sociaux.
Qualification : ensemble des compétences professionnelles requises pour un emploi.

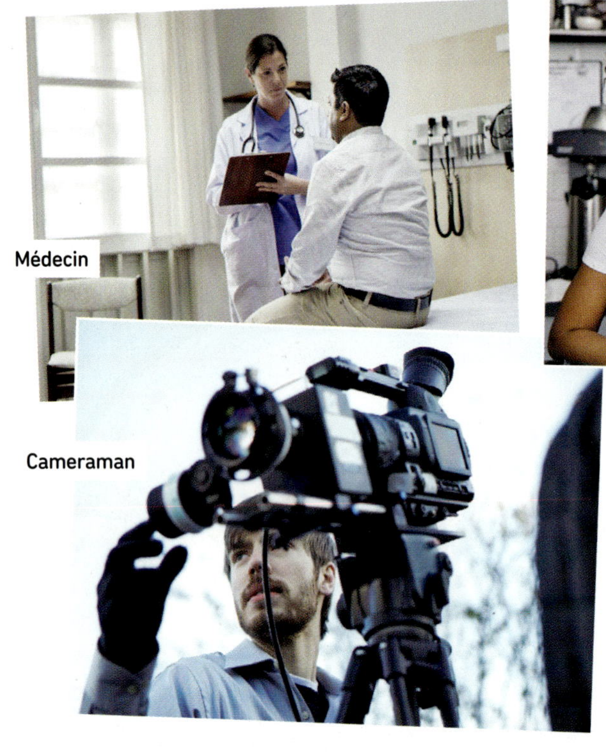

Caissière

1. Classez ces emplois selon leur niveau de qualification : élevé, moyen ou faible.

2. D'après vous, quels emplois nécessitent le niveau de diplôme le plus élevé ?

3. Comment expliquer qu'un niveau de diplôme minimum soit requis pour exercer certains emplois ?

2 DOC Les jeunes sont de plus en plus diplômés

Diplôme le plus élevé selon l'âge en 2017 (en %)

Niveau de diplôme	Correspondance	25-34 ans	55-64 ans
Enseignement supérieur	Supérieur long : diplôme de niveau égal ou supérieur à bac + 3 (licence, master 1, master 2, doctorat)	30	12
	Supérieur court : diplôme de niveau bac + 2 (DUT, BTS, DEUG, écoles des formations sanitaires ou sociales, etc.)	14	11
Enseignement secondaire	Baccalauréat général, professionnel et technologique	23	13
	CAP-BEP	19	31
Aucun diplôme	Diplôme national du brevet ou aucun diplôme	14	33

Source : Insee, Enquêtes emploi, 2017.

1 Calculer. Quelle part des 25-34 ans est diplômée de l'enseignement supérieur en 2017 ?

2 Repérer. Montrez que le niveau de diplôme des jeunes Français s'est élevé par rapport à celui des générations précédentes.

3 Définir. Pourquoi peut-on parler d'une « démocratisation scolaire » ?

3 DOC Le niveau de diplôme est déterminant pour l'accès à un emploi qualifié

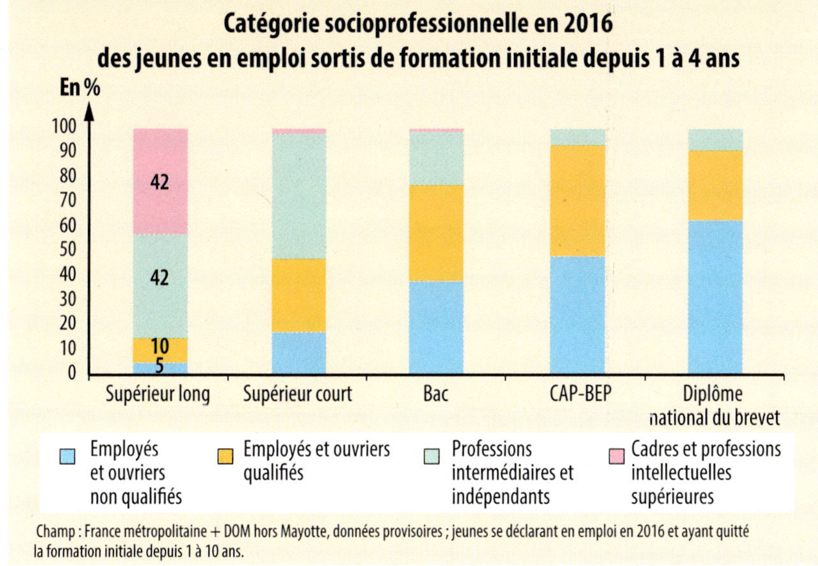

Champ : France métropolitaine + DOM hors Mayotte, données provisoires ; jeunes se déclarant en emploi en 2016 et ayant quitté la formation initiale depuis 1 à 10 ans.

Source : ministère de l'Éducation nationale, *L'État de l'école 2017. Coûts, activités, résultats*, novembre 2017.

MOT CLÉ

Professions et catégories socioprofessionnelles (PCS) : regroupements effectués par l'Insee pour classer les individus actifs dans des catégories homogènes en termes de profession, de niveau de qualification, de position hiérarchique et de statut (salarié ou indépendant).

1. **Repérer.** Quelle part des jeunes bacheliers en emploi occupe un poste d'employé ou d'ouvrier qualifié en 2016 ?
2. **Déduire.** Parmi les catégories professionnelles proposées, lesquelles correspondent à des emplois très qualifiés ? moyennement qualifiés ? peu qualifiés ?
3. **Argumenter.** Montrez que le niveau de diplôme est déterminant pour accéder à un emploi qualifié.

4 DOC Les études ne protègent pas toutes du risque de déclassement

Il a bûché durant cinq ans, a décroché un master de recherche en biologie moléculaire. Mais à 24 ans, Saifdine vit toujours de son job d'étudiant : maître-nageur sauveteur en piscine. [...] Élise, 25 ans, gagne à peine plus que le smic malgré un master en management public. Julien, traducteur, s'est rabattu sur les services à la personne. Quant à Sébastien, diplômé en journalisme, il fait de l'intérim en supermarché et parle d'un « profond sentiment d'échec et de gâchis ». Pour tous, le master représentait un sésame vers un emploi intéressant et correctement payé. Certes, les diplômes supérieurs protègent du chômage – 10,2 % des jeunes titulaires sont touchés contre 18,4 % pour l'ensemble des 15-29 ans, selon l'Insee –, mais tous les lauriers ne se valent pas. « Le bac + 5 n'est pas une illusion, l'illusion c'est d'imaginer qu'un bac + 5 les amènera forcément au poste dont ils rêvent », lance Hélène Saint Loubert, de l'agence de communication Grenade & Sparks.

Hélène Seingier, « Bac + 5 et déqualifiés : quand le master n'est pas à la hauteur », *Le Monde*, 24 janvier 2017.

1. **Déduire.** Pourquoi peut-on parler de « déclassement » pour qualifier la situation des jeunes présentés dans le texte ?
2. **Déduire.** Comment interpréter la phrase soulignée ?
3. **Expliquer.** Pourquoi le diplôme est-il néanmoins un atout indispensable pour l'insertion professionnelle des jeunes ?

Faire le bilan

Recopiez et complétez le texte avec les termes suivants :
domaines – qualification – diplôme – qualifiés – niveau

Les emplois diffèrent selon leur niveau de **...**, c'est-à-dire les compétences requises pour effectuer les tâches. Le **...** témoigne de l'acquisition d'un certain nombre de savoirs et compétences par son titulaire. Il est donc normal que la probabilité d'occuper un emploi qualifié s'accroisse avec le **...** de diplôme. Cela dit, il existe aussi une grande diversité de **...** de formation (études de santé, sciences et technologies, sciences humaines...), qui n'offrent pas tous les mêmes chances d'insertion sur le marché du travail et d'accès aux emplois les plus **...**.

MOTS CLÉS À MAÎTRISER

- Emploi
- Qualification

➡ définitions p. 110

2. Le diplôme, un investissement rentable ?

Pour commencer

1 ACTIVITÉ

Comparer les coûts et les avantages de la poursuite d'études

Amanda vient de valider sa deuxième année d'études en économie. Elle hésite maintenant entre arrêter ses études pour commencer à travailler et poursuivre son parcours universitaire jusqu'au bac + 5.

1. Classez les éléments suivants selon qu'ils représentent un avantage ou un coût (direct ou indirect) de la poursuite d'études.

	Avantage	Coût
Loyer d'un logement étudiant pendant 3 ans (15 000 euros)	...	...
Frais d'inscriptions à l'université pour 3 années supplémentaires (1 000 euros)	...	...
Différentiel de salaire entre un diplômé bac + 5 et un diplômé bac + 2 sur l'ensemble de la carrière (300 000 euros)	...	...
Taux de chômage des diplômés de bac + 5 (5 %)	...	...
Salaire qui serait perçu pendant 3 ans si l'étudiante arrêtait ses études à bac + 2 pour travailler (60 000 euros)	...	...

2. D'après la théorie du capital humain, Amanda a-t-elle intérêt à poursuivre ses études ?

3. En quoi la poursuite d'études peut-elle être considérée comme un investissement ?

4. Quelles sont les limites d'un tel raisonnement d'après vous ?

VIDÉO

bordas Flash PAGE

Le coût des études aux États-Unis

1 Repérer. Combien coûtent les frais d'inscription dans les universités américaines ?

2 Expliquer. Comment les étudiants et leurs familles financent-ils leurs études ?

3 Analyser. Ces investissements s'avèrent-ils toujours rentables ?

Capital humain : ensemble des savoirs et des compétences accumulés par l'individu et qui le rendent plus productif. D'après la théorie du capital humain, les individus décident de poursuivre leurs études en comparant les différents coûts de cet investissement et sa rentabilité.

2 DOC Le diplôme protège du chômage

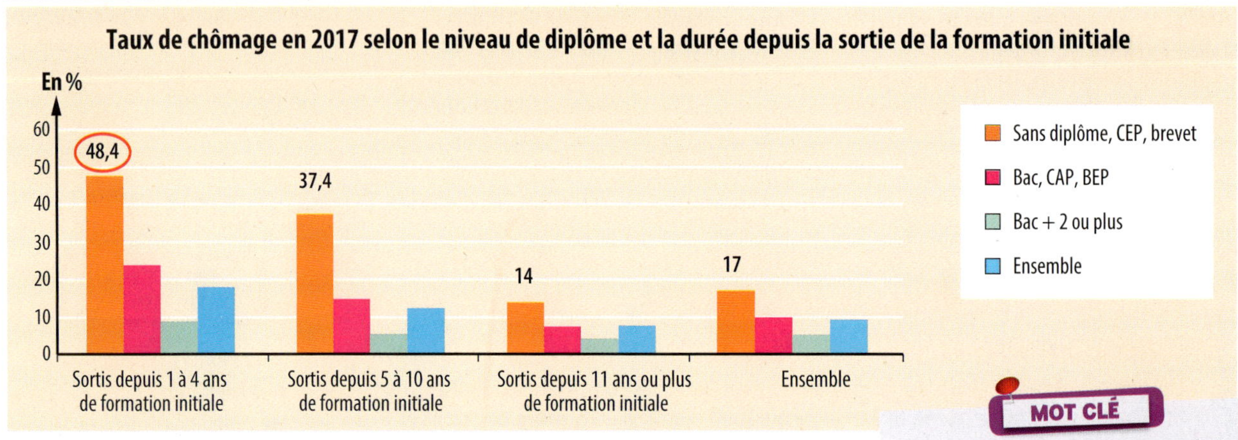

Source : Insee, Enquête emploi, 2017.

1 Lire. Que signifie la donnée entourée ?

2 Illustrer. Montrez par des données chiffrées que le diplôme protège du chômage.

3 Expliquer. Comment expliquer que les jeunes sortis depuis un à quatre ans de formation soient plus touchés par le chômage ?

MOT CLÉ

Taux de chômage : part de la population active qui est au chômage. La population active comprend l'ensemble des personnes en âge de travailler qui ont un emploi ou qui cherchent un emploi.

3 DOC Le diplôme et l'expérience professionnelle influencent le niveau de salaire

Salaire mensuel net médian (en euros) en 2016 des salariés à temps complet, selon le diplôme et la durée depuis la sortie de la formation initiale					
Sortie de la formation initiale depuis	Aucun diplôme, brevet des collèges	Baccalauréat CAP-BEP	Diplôme du supérieur court	Diplôme du supérieur long	Ensemble
1 à 4 ans	n.s	1 300	1 400	1 860	1 500
5 à 10 ans	1 300	1 420	1 700	2 120	1 660
plus de 11 ans	1 530	1 660	2 170	2 730	1 880
Ensemble	1 500	1 600	2 000	2 400	1 880

Source : Insee, Enquête emploi, 2016.

SAVOIR-FAIRE

Lire et interpréter une médiane : dans une série statistique, la médiane est la valeur qui partage la série en deux parties égales, de telle manière que 50 % de l'effectif se trouve au-dessus et 50 % se trouve en dessous. (→ Fiche savoir-faire 11, p. 134)

1 Lire. Que signifie la donnée entourée ?

2 Calculer. Faites des calculs pour montrer la relation entre niveau de diplôme et salaire.

3 Analyser. Avec l'expérience professionnelle comment évoluent les écarts de salaire entre les salariés les plus et les moins diplômés ? Comment l'expliquer ?

4 DOC Le salaire dépend aussi du sexe, du secteur d'activité et de la taille de l'entreprise

En 2015, dans le secteur privé (y compris les entreprises publiques), le salaire brut en équivalent temps plein (EQTP) des femmes est inférieur de 18 % à celui des hommes [...]. Cet écart provient en partie des différences de catégorie socioprofessionnelle : par exemple, près de 19 % des postes occupés par des hommes sont des postes de cadres ou de chefs d'entreprises alors que cette proportion est inférieure à 14 % pour les femmes. À l'inverse, seuls 19 % des postes occupés par des hommes sont des postes d'employés contre 53 % des postes occupés par des femmes. Les secteurs qui offrent les salaires les plus élevés sont la recherche et développement, les activités financières et d'assurance ainsi que l'édition, l'audiovisuel et la diffusion. [...] Le salaire horaire brut moyen y dépasse 29 euros, soit près d'une fois et demie le salaire horaire moyen tous secteurs confondus. À l'opposé, dans l'hébergement médico-social et l'action sociale, l'hébergement et la restauration, les services administratifs et de soutien et les autres activités de service, le salaire horaire brut moyen est inférieur ou égal à 15,4 euros. [...] Outre ces disparités sectorielles, la rémunération brute horaire augmente avec la taille de l'établissement : en moyenne de 16,2 euros dans les entreprises de 1 à 9 salariés, elle atteint 18,2 euros dans celles de 10 à 49 salariés et 26,7 euros dans les entreprises de 500 salariés ou plus.

Insee, *Les Salaires dans le secteur privé et les entreprises publiques en 2015*, 2018.

1 Repérer. Quelle est l'ampleur des inégalités de salaire entre les hommes et les femmes ?

2 Lire. Que signifie la phrase soulignée ?

3 Repérer. Dans quels types d'entreprises les salaires sont-ils les plus élevés ? les moins élevés ?

4 Argumenter. Comment peut-on expliquer ces différences salariales selon les secteurs et les tailles d'entreprises ?

Faire le bilan

Les propositions suivantes sont-elles vraies ou fausses ? Justifiez votre réponse.

1. D'après la théorie du capital humain, un individu a toujours intérêt à poursuivre des études.
2. Le salaire d'un salarié dépend uniquement de son niveau de diplôme.
3. Le taux de chômage diminue avec l'expérience professionnelle.
4. Le taux de chômage diminue avec le niveau de diplôme.

MOTS CLÉS À MAÎTRISER

- Capital humain
- Chômage
- Salaire

→ définitions p. 110

3 Quelle est l'influence du milieu social sur la poursuite d'études ?

Pour commencer

1 ACTIVITÉ

Comparer le profil de deux étudiants

Nora et Yacine sont deux étudiants en première année de droit.

• Yacine est le premier de sa famille à avoir décroché le bac. Son père est retraité de l'industrie automobile et sa mère s'occupe des cinq enfants de la famille. Yacine habite encore chez ses parents, il passe deux heures par jour dans les transports en commun pour se rendre à la fac. Pour financer ses études, il travaille dix heures par semaine en « contrat étudiant » dans un restaurant fast-food de son quartier.

• Nora est fille unique. Ses deux parents sont avocats en cabinets privés et comptent sur leur fille pour « prendre la relève ». Pour l'encourager dans ses études, ils lui ont acheté un petit appartement à quinze minutes à pied de la fac. En plus des cours, Nora s'est inscrite dans une prépa privée qui, pour la somme de 2 000 euros l'année, l'aide à préparer ses examens.

1. Montrez que Yacine rencontre des freins économiques dans sa poursuite d'études.
2. D'après vous, comment les parents de Yacine réagiraient-ils s'il décidait d'arrêter ses études après l'obtention de sa licence (bac + 3) ? Les parents de Nora réagiraient-ils de la même façon ?
3. De Nora ou Yacine, lequel vous semble avoir le plus de chances de réussir ses études à la fac ? Justifiez votre réponse.

2 DOC L'accès à l'enseignement supérieur est différencié selon l'origine sociale

Origine sociale des étudiants de nationalité française en 2017-2018 (en %)

	Cadres et prof. intellectuelles supérieures	Ouvriers	Rapport cadres/ouvriers
Universités	34,1	11,7	2,9
Écoles d'ingénieurs	54,1	5,6	...
STS	16,0	24,1	...
CPGE et préparations intégrées	51,8	7,2	...
Écoles de commerce, gestion et comptabilité	51,3	4,1	...
Écoles paramédicales et sociales[1]	23,5	19,3	...
Ensemble des étudiants français	34,9	12,2	...
Ensemble des 18 à 23 ans[1]	17,5	29,2	...

1. Données 2015.
Champ : France métropolitaine + DOM.

Source : ministère de l'Éducation nationale, *Repères et références statistiques, Enseignement, formation, recherche*, 2018.

1 **Calculer.** Faites les calculs nécessaires pour compléter la colonne « Rapports cadres/ouvriers ».

2 **Expliquer.** Montrez que les enfants issus de milieux populaires sont sous-représentés dans l'enseignement supérieur.

3 **Déduire.** Que peut-on déduire de la situation des enfants de cadres et professions intellectuelles supérieures ?

4 **Analyser.** Dans quels types de formations l'écart entre fils de cadres et fils d'ouvriers est-il le plus important ?

VIDÉO

bordas FlashPAGE

Des études supérieures élitistes

1 **Repérer.** Quel est le pourcentage d'enfants d'ouvriers à l'université ? et en médecine ?

2 **Expliquer.** D'où viennent les difficultés d'entrée à l'université pour les enfants de milieux populaires ?

3 **Repérer.** Quels sont les moyens mis en œuvre pour lutter contre cette inégalité ?

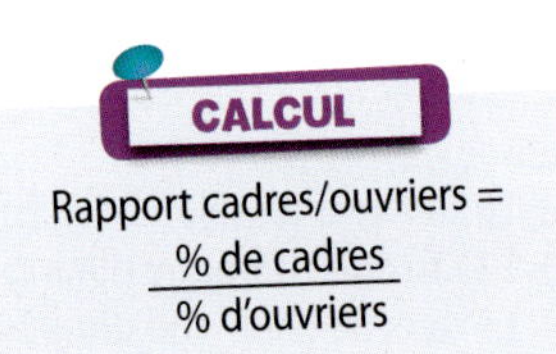

3 DOC La France, un des pays où l'origine sociale influence le plus la réussite scolaire

La France est l'un des pays de l'OCDE où le milieu social influence le plus les compétences scolaires des élèves de 15 ans en mathématiques, comme en sciences. Pour étudier l'influence du milieu social sur les compétences des élèves, l'OCDE a construit dans son enquête dite « Pisa » un indice global, qui rassemble les niveaux de vie et de diplôme des parents ainsi que leur profession. Ces données sont très médiatisées, il faut pourtant les considérer avec une très grande précaution, ce qui est rarement le cas. [...] Il n'en demeure pas moins que les enquêtes de l'OCDE se suivent et indiquent toutes un résultat similaire : la France appartient au club des pays où les inégalités sociales exercent une grande influence sur le parcours scolaire des enfants. [...] Cette mauvaise position peut s'expliquer par un grand nombre de facteurs. L'apprentissage de la lecture est précoce en France, à un moment où les inégalités dans la maîtrise du vocabulaire sont grandes. Les programmes valorisent la culture académique et la maîtrise d'un savoir mathématique théorique. L'expérience a peu de place. Les évaluations à répétition dévalorisent et contribuent à l'échec des plus faibles, qui reçoivent peu d'encouragements. Les compétences demandées aux enfants sont mal explicitées par les enseignants, ce qui pénalise les milieux populaires.

« Selon l'OCDE, la France est l'un des pays où le milieu social influe le plus sur le niveau scolaire », www.inegalites.fr, janvier 2017.

1 **Repérer.** Comment le milieu social des parents est-il estimé par les enquêtes Pisa ?

2 **Expliquer.** Que montrent ces études dans le cas de la France ?

3 **Analyser.** Comment les inégalités de réussite scolaire sont-elles expliquées ?

4 **Déduire.** Quelles pistes sont suggérées pour réduire l'impact de l'origine sociale sur la réussite scolaire ?

4 DOC Les conventions d'éducation prioritaire à Science Po Paris

Au début des années 2000, Sciences Po faisait le constat du manque d'ouverture sociale et culturelle du recrutement des grands établissements sélectifs français. À l'origine de ce verrou social : le manque de moyens financiers, l'absence d'informations, le biais social lié à la nature des épreuves de sélection, et un important phénomène d'autocensure. Pour diversifier son corps étudiant, Sciences Po lançait en 2001 le dispositif des conventions éducation prioritaire (CEP), une voie d'accès sélective destinée aux élèves issus des lycées relevant de l'éducation prioritaire. [...]

Des ateliers dans les lycées pour préparer à l'examen d'entrée à Sciences Po. Les étudiants réalisent un dossier de presse, portant sur un sujet d'actualité de leur choix, comprenant une note de synthèse et une note de réflexion personnelle. [...]

Une épreuve d'admissibilité organisée par les lycées. Avec un jury composé de trois à cinq membres, présidé par le chef d'établissement ou son représentant, pour pré-sélectionner les candidats [...].

Une épreuve spécifique d'admission à Sciences Po. Le jury d'admission est composé de trois personnes, dont au moins un enseignant de Sciences Po. L'entretien dure entre 20 et 30 minutes et se déroule sous la forme d'un dialogue avec le candidat sur ses projets d'études et d'orientation.

www.sciencespo.fr

CONTEXTE

Aujourd'hui, l'entrée à Science Po Paris après le bac se fait normalement *via* la réussite d'un concours comportant trois épreuves écrites et un oral d'admission.

1 **Définir.** Présentez le dispositif « convention d'éducation prioritaire » (public concerné, objectifs, modalités, etc.)

2 **Repérer.** Comment le « manque d'ouverture sociale et culturelle » dans le recrutement des grandes écoles est-il expliqué ?

3 **Argumenter.** En quoi peut-il y avoir un « phénomène d'autocensure » de la part des élèves issus de milieux défavorisés ?

Faire le bilan

Recopiez et complétez le schéma avec les termes suivants :
réussite scolaire – capacité de financement – poursuite d'études – milieu social

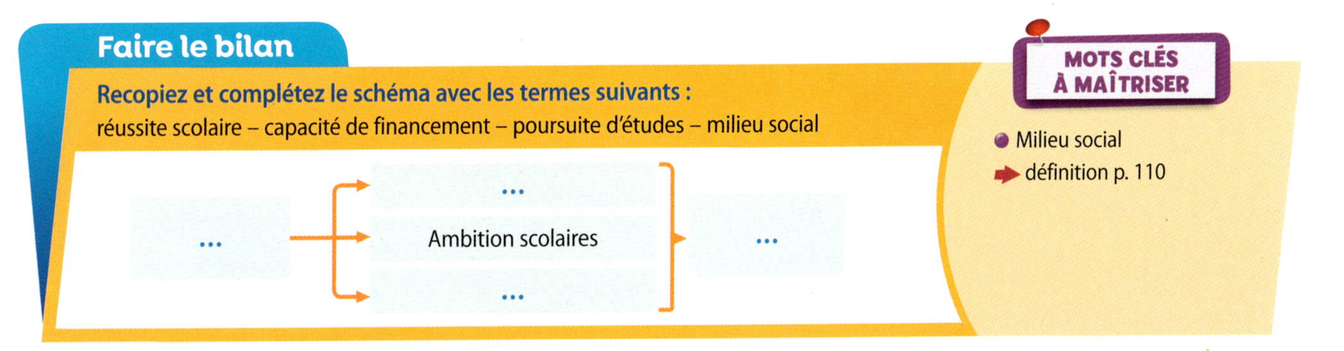

MOTS CLÉS À MAÎTRISER

- Milieu social
➜ définition p. 110

4 Quel rôle joue l'éducation pour les individus et pour les pays ?

Pour commencer

1 DOC À travers le monde, 130 millions de filles ne sont pas scolarisées

Classe de filles dans une école publique à Pondichéry, en Inde.

1 Expliquer. Comment expliquer les difficultés d'accès à l'éducation des jeunes filles dans les pays en développement ?

2 Déduire. Quelles sont les conséquences de ce manque d'éducation sur les conditions de vie des femmes ?

3 Argumenter. D'un point de vue économique, que gagneraient les pays à encourager la scolarisation des filles ?

2 DOC Le rôle du capital humain dans la croissance économique

Investir dans la santé et l'éducation est la meilleure manière d'assurer une bonne croissance économique à long terme. C'est en tout cas la conclusion d'une étude [...] de la revue scientifique *The Lancet*. En mesurant pour la première fois le capital humain de chaque pays et en le comparant à celui qu'il possédait en 1990, le rapport conclut à une « corrélation entre les investissements en matière d'éducation et de santé et une meilleure croissance du PIB ». Ce nouvel indicateur combine « les compétences, les expériences et le savoir » d'une population avec son état de santé, pour en mesurer la contribution à la croissance économique. Il est exprimé en nombre d'années, pendant lesquelles « on estime qu'une personne peut travailler au cours de sa période de productivité maximale », c'est-à-dire en étant bien formée et en bonne santé. [...] La notion de capital humain, élaborée par les économistes américains Theodore Schultz et Gary Becker à partir des années 1950, a été largement utilisée dans le secteur des ressources humaines pour accroître la productivité des entreprises [...]. Appliquée aux États, elle est désormais considérée comme un indicateur de développement intéressant qui permet de combiner plusieurs facteurs et de prévoir des évolutions.

Nelly Didelot, « Le "capital humain" comme moteur de la croissance », *Libération*, 25 septembre 2018.

L'économiste américain Gary Becker a obtenu le « prix Nobel » d'économie en 1992.

1 Repérer. Quel indicateur est utilisé par l'enquête pour mesurer le niveau de capital humain d'un pays ?

2 Expliquer. Comment un niveau élevé de santé et d'éducation peut-il favoriser la croissance économique ?

3 Analyser. Que peut faire un État pour améliorer le niveau de santé et d'éducation de sa population ?

3 DOC Revenu par habitant et durée de scolarisation sont corrélés

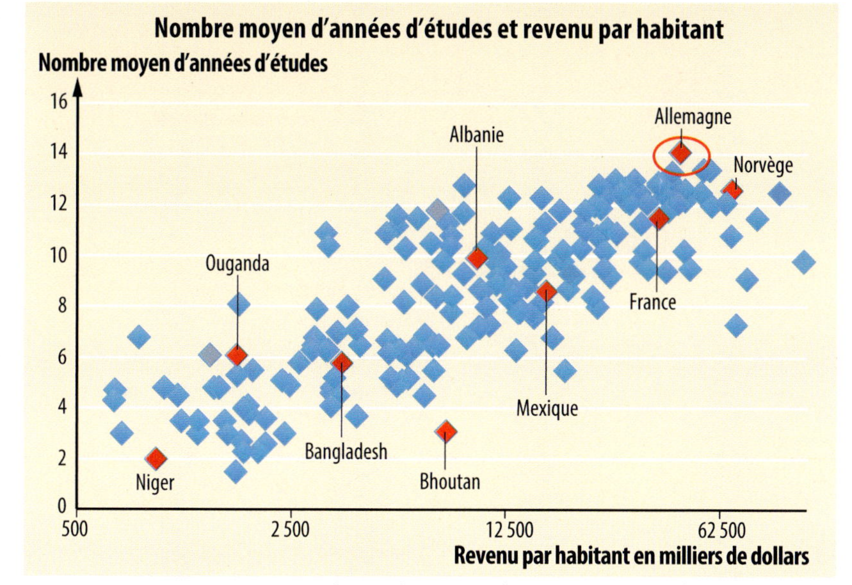

Source : Programme des Nations Unies pour le développement, *Rapport sur le développement humain*, 2017.

NE PAS CONFONDRE

On parle de **corrélation** lorsque deux variables (A et B) évoluent dans le même sens (corrélation positive) ou en sens inverse (corrélation négative). Dans certains cas, ces corrélations s'expliquent par des liens de **causalité** entre les deux variables (par exemple A explique B ou B explique A).

1 **Lire.** Que signifie la donnée entourée ?

2 **Analyser.** Quelle corrélation ce graphique fait-il apparaître entre revenu par habitant et années d'études ?

3 **Expliquer.** Montrez que cette corrélation peut s'expliquer par au moins deux liens de causalité.

4 DOC Éducation et accroissement des capabilités : un aspect essentiel du développement humain

Le libre accès à l'éducation est présenté par A. Sen, comme une des libertés politiques et sociales, qui, avec la liberté de participation ou d'expression et le droit à la santé, sont des « éléments constitutifs du développement ». Pour illustrer ce rôle constitutif de l'éducation, A. Sen imagine deux individus qui ont reçu la même éducation, l'un sera devenu plus productif et ses revenus se seront accrus ; l'autre qui n'a pas bénéficié d'une augmentation de ses revenus « tirera tout de même parti de cet avantage sous d'autres formes, par la lecture, la faculté de communiquer, d'argumenter, de s'informer, d'être pris au sérieux... ». Le libre accès à l'éducation apparaît aussi comme une liberté instrumentale, permettant d'accroître les capacités et les autres libertés, indispensables au développement humain. [...] L'éducation, pour A. Sen, permet à l'individu de devenir plus autonome et d'élargir le champ de ses libertés ; cet auteur déplore qu'un « enfant qui n'a d'accès à aucune forme de scolarisation subit une privation qui perdure tout au long de son existence (les activités, même les plus élémentaires qui supposent que l'on sache lire, écrire et compter, lui seront interdites) ».

Jacques Poirot, « Le rôle de l'éducation dans le développement chez J. Rawls et A. Sen, entre équité et efficacité », *Mondes en développement*, n° 132, De Boeck Supérieur, 2005.

MOT CLÉ

Capabilités : créé par l'économiste indien Amartya Sen (« prix Nobel » d'économie en 1998), ce terme recouvre les possibilités qu'un individu a d'effectuer certaines tâches ou actions.

1 **Lire.** Que signifie la phrase soulignée ?

2 **Expliquer.** En quoi l'éducation permet-elle d'accroître les capabilités des individus pour Amartya Sen ?

3 **Comparer.** Quelle différence notez-vous entre l'approche par les capabilités et la théorie du capital humain ?

Faire le bilan

Recopiez et complétez le texte avec les termes suivants :
croissance – collectif – éducation – capabilités

Les études montrent que le niveau d'**...** et de santé de la population est un élément moteur de la **...** économique d'un pays. Le capital humain est donc un investissement, tant au niveau **...** qu'individuel. Par ailleurs, au-delà du seul aspect économique, l'éducation est aussi un facteur clé du développement humain dans la mesure où elle accroît les **...** des individus.

MOTS CLÉS À MAÎTRISER

- Capital humain
- Capabilités

➜ définitions p. 110

L'essentiel

Quelles relations entre le diplôme, l'emploi et le salaire ?

Synthèse

1 Quels diplômes pour quels emplois ?

- Occuper un **emploi** nécessite un niveau plus ou moins élevé de **qualifications**. Les diplômes d'un individu témoignent de ses savoirs et de ses compétences, donc de sa capacité à occuper des emplois qualifiés.
- Le niveau de diplôme est déterminant dans l'insertion professionnelle des jeunes. Les diplômés bénéficient de conditions d'insertion plus favorables sur le marché du travail : moins touchés par le **chômage**, ils ont aussi plus de chances d'occuper des emplois qualifiés et très qualifiés. La nature du diplôme est également importante : certains domaines d'études offrent de meilleurs débouchés que d'autres et limitent le **taux de chômage**.

2 Le diplôme, un investissement rentable ?

- D'après la théorie du **capital humain**, la poursuite d'études est un investissement. En effet, si les études représentent un coût, elles accroissent aussi les compétences professionnelles et productives, ce qui se traduit par de meilleures chances d'insertion professionnelle et des **salaires** élevés.
- Les discriminations salariales dépendent aussi du sexe de l'individu, de son expérience professionnelle, de la taille et du secteur d'activité de l'organisation dans laquelle il est employé. On constate que le salaire net moyen des hommes est supérieur d'environ 20 % à celui des femmes. Cette inégalité s'explique en partie par le fait que les femmes occupent globalement des emplois moins qualifiés que les hommes et travaillent plus souvent à temps partiel, mais des « effets de discrimination » persistent également.

3 Quelle est l'influence du milieu social sur la poursuite d'études ?

- La poursuite d'études est influencée par le **milieu social**. Malgré une certaine démocratisation scolaire, les enfants issus des milieux populaires sont nettement sous-représentés dans l'enseignement supérieur, et les filières les plus sélectives et prestigieuses recrutent très majoritairement des élèves issus de milieux favorisés.
- Ces inégalités ont différentes causes. D'un côté, les familles favorisées disposent de ressources culturelles et économiques favorisant la réussite scolaire de leurs enfants et leur poursuite d'études. Mais il faut aussi considérer les ambitions et stratégies des familles par rapport à l'éducation, qui sont différentes selon la position sociale occupée par les parents.

4 Quel rôle joue l'éducation pour les individus et les pays ?

- Si l'éducation est un investissement rentable au niveau individuel, il l'est aussi au niveau collectif : plus sa population est formée et en bonne santé, plus un pays à des chances de connaître une croissance économique forte.
- Parce qu'elle augmente les **capabilités** des individus, l'éducation est aussi une dimension essentielle du développement. Les individus sachant lire, écrire, argumenter... ont certes plus de chances de trouver un travail, mais ils sont aussi mieux à même d'exercer leurs libertés politiques et sociales.

MOTS CLÉS

Capabilités : créé par l'économiste indien Amartya Sen (« prix Nobel » d'économie en 1998), ce terme recouvre les possibilités qu'un individu a d'effectuer certaines tâches ou actions.

Capital humain : ensemble des savoirs et des compétences accumulés par l'individu et qui le rendent plus productif.

Chômage : situation d'un individu qui souhaite travailler, est disponible pour occuper un emploi mais ne trouve pas de travail.

Emploi : activité professionnelle rémunérée et déclarée qui donne accès à un revenu et à des droits sociaux.

Milieu social : position d'un individu dans la société en fonction de sa profession, son niveau de revenu et son niveau de diplôme.

Qualification : ensemble des compétences professionnelles requises pour un emploi.

Salaire : rémunération perçue par un salarié en échange de son travail.

Taux de chômage : part de la population active qui est au chômage. La population active comprend l'ensemble des personnes en âge de travailler qui ont un emploi ou qui cherchent un emploi.

Schéma bilan

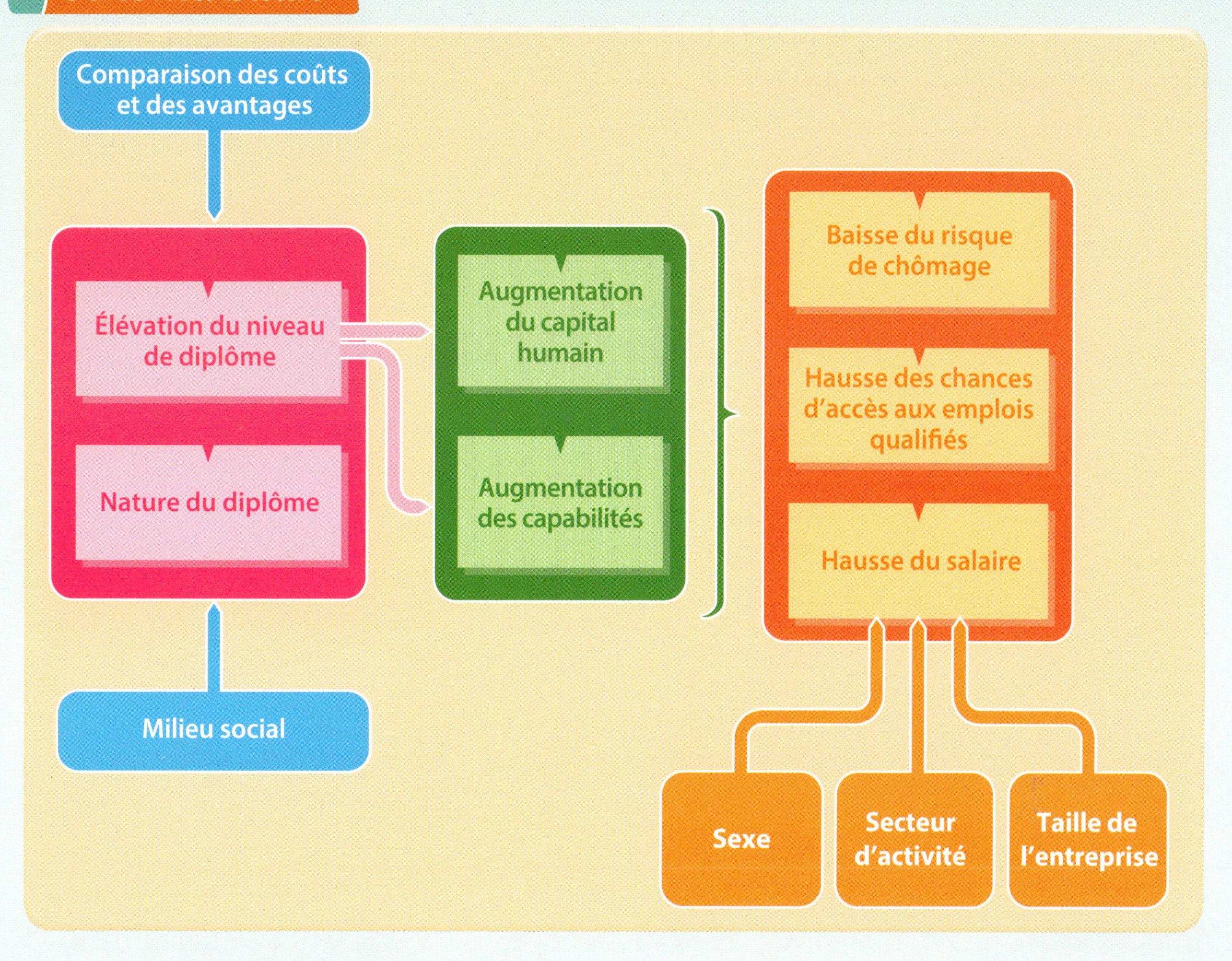

Prolongements

Un livre

School Business. Comment l'argent dynamite le système éducatif, Arnaud Parienty, La Découverte, 2015.

Prépas payantes, séjours linguistiques à l'étranger, coaching, cours particuliers, frais d'inscription en hausse... Ce livre montre comment l'argent a pris une place croissante dans le système éducatif français, au détriment des catégories populaires et moyennes.

Un site

www.cereq.fr

Le site du Centre d'études et de recherches sur les qualifications (Céreq) permet d'accéder aux enquêtes « Génération » et d'analyser l'insertion professionnelle des jeunes à l'issue de leur formation initiale en suivant une génération pendant plusieurs années.

Exercices

Vérifier ses connaissances

POUR L'ENSEIGNANT
- Évaluation en classe interactive
- Fiche d'évaluation imprimable

Exercice 1

Recopiez et complétez la grille.

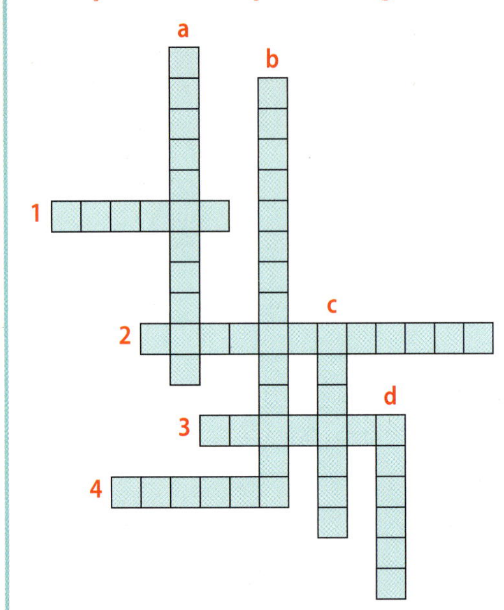

Horizontalement

1. Capital constitué de l'ensemble des savoirs et des compétences accumulés par l'individu et qui ont pour effet de le rendre plus productif.
2. Situation d'un individu contraint d'accepter un travail qui requiert un niveau de qualification inférieur à son niveau de diplôme.
3. Situation d'un individu qui ne trouve pas d'emploi alors qu'il souhaite travailler.
4. Elles touchent en moyenne des salaires inférieurs à ceux des hommes.

Verticalement

a. Potentialités d'un individu, qui peuvent être accrues grâce à l'éducation.
b. Compétences professionnelles requises pour un emploi.
c. Rémunération perçue par un salarié en échange de son travail.
d. Activité professionnelle rémunérée et déclarée.

Exercice 2

Choisissez la (ou les) bonne(s) réponse(s) :

1. Le capital humain accumulé par un individu dépend de...
a. son sexe.
b. son niveau d'éducation.
c. son expérience professionnelle.

2. L'éducation permet aux individus...
a. d'être plus productifs.
b. d'accroître leurs capabilités.
c. d'être plus heureux.

3. Avoir un diplôme...
a. protège du chômage.
b. garantit l'accès à des emplois qualifiés.
c. favorise l'accès à des emplois qualifiés.

4. Le niveau de diplôme atteint par un individu ...
a. dépend uniquement de ses capacités intellectuelles.
b. dépend uniquement de ses efforts.
c. est influencé par son origine sociale.

Exercice 3

Recopiez et complétez le schéma avec les termes suivants :

poursuite d'études • *hausse du salaire* • *accumulation de capital humain* • *hausse de la productivité*

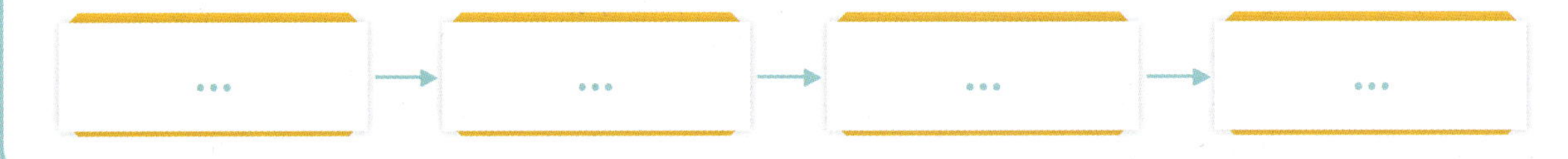

Appliquer ses connaissances

Exercice 1 Calculer des évolutions

DOC Taux de chômage des jeunes sortis depuis un à quatre ans de la formation initiale, en fonction du diplôme le plus élevé (en %)

Diplôme	2008	2014	2017
Brevet ou aucun diplôme	37,2	53,8	48,4
CAP/BEP, baccalauréat et équivalents	16,4	24,8	24,1
Diplôme d'enseignement supérieur	6,1	11,7	8,8
Ensemble	14,2	20,7	17,8

Source : Insee, Enquêtes emploi.

1. Calculez l'écart entre le taux de chômage des diplômés de l'enseignement supérieur et celui des non-diplômés en 2017.

2. Montrez l'évolution du taux de chômage pour l'ensemble entre 2008 et 2014 (→ Fiche savoir-faire 9, p. 130).

3. La crise économique de 2008 a-t-elle impacté de la même façon les diplômés et les non-diplômés ?

Exercice 2 Lire et interpréter un texte

DOC Qui sont les étudiants qui ont une activité salariée ?

Les jeunes adultes en cours d'études dont le père est soit travailleur indépendant, soit employé ou ouvrier, sont plus nombreux à avoir travaillé au cours de la semaine précédant l'enquête (27 % et 24 %) que les enfants de cadres, de professions libérales ou intermédiaires (20 %). [...] Les deux tiers des enfants d'ouvriers ou d'employés sont en alternance ou en stage, contre un peu plus d'un tiers des enfants de cadres, de professions libérales ou intermédiaires.

Laura Castell, Mickaël Portela, Raphaëlle Rivalin,
Les principales ressources des 18-24 ans, Insee Première n° 1603, 2016.

1. Qui sont les jeunes qui travaillent durant leurs études ?

2. Tous les jeunes qui travaillent le font-ils pour des raisons identiques ?

Exercice 3 Rédiger un paragraphe argumenté

Vous devez rédiger un paragraphe argumenté montrant que poursuivre ses études est un investissement rentable.

1. Trouvez les arguments correspondant aux exemples du tableau.

2. Dans le tableau, classez les différents arguments dans l'ordre qui vous paraît le plus logique.

Arguments	Exemples	Ordre
...	84 % des diplômés de l'enseignement supérieur occupent un emploi de cadre et profession intellectuelle ou profession intermédiaire 1 à 4 ans après leur sortie de formation initiale	...
...	5 à 10 ans après leur sortie de formation initiale, les diplômés du supérieur gagnent un salaire mensuel net médian supérieur de 820 euros à celui des sans diplômes.	...
...	Le taux de chômage des actifs sans diplômes est de 17 %, contre seulement 5 % pour les bac + 2.	...

3. Rédigez entièrement votre réponse en commençant par une phrase d'introduction et en utilisant des mots de liaison entre les arguments.

Le Lab SES

SAVOIR-FAIRE

➜ Fiche 3, p. 120

Confronter des arguments

Y a-t-il une « perte de valeur » des diplômes ?

Lire et expliquer

1. Pourquoi peut-on parler d'une « inflation des diplômes » ? (doc 1)
2. Que signifient les phrases soulignées ? (doc 1 et 2)

Analyser

3. En quoi ces deux documents proposent-ils des points de vue opposés ?
4. Relevez les principaux arguments avancés dans les deux textes, et classez-les dans le tableau ci-dessous :

Doc 1. Arguments en faveur de la thèse d'une perte de valeur des diplômes
...
...

Doc 2. Arguments nuançant la thèse d'une perte de valeur des diplômes
...
...

Synthétiser

5. Montrez que ces deux argumentaires ne sont pas totalement contradictoires.

DOC 1 L'inflation des diplômes

L'époque où le sociologue Edmond Goblot voyait en ce diplôme [le baccalauréat], créé par Napoléon en 1808, le certificat d'appartenance à la bourgeoisie apparaît bien éloignée. Il faut dire que les bacheliers ne représentaient que 1 % de leur classe d'âge en 1900, 4 % en 1945 et 29 % en 1985, année de la création du baccalauréat professionnel, qui va faire monter le taux à 77 % en 2015. Au total, l'État décerne 2,25 millions de diplômes chaque année, du brevet au doctorat. [...]
Le problème est que la qualification des emplois ne s'élève pas au même rythme que celle des travailleurs. D'où une intensification de la concurrence scolaire sur de petites distinctions (établissement fréquenté, mentions, etc.) [La sociologue] Marie Duru-Bellat questionne également l'idée selon laquelle l'élévation générale du niveau de diplôme serait un « gage de progrès et de justice sociale ». Statistiques à l'appui, elle pointe certaines formations professionnelles courtes, CAP ou BEP inclus, qui protègent mieux du chômage que deux années d'enseignement supérieur non validées. Et affirme que si jusqu'au milieu des années 1980, la détention du seul bac permettait encore fréquemment de devenir cadre, il mène désormais plus souvent à des emplois d'ouvrier ou d'employé.

Igor Martinache, « La valeur des diplômes en question », *Alternatives économiques*, hors-série n° 114, février 2018.

DOC 2 Le diplôme, meilleure protection contre le déclassement

Si la progression des situations de déclassement est bien sûr en elle-même assez préoccupante, il faut toutefois rappeler que, trois ans après la fin de leurs études, les deux tiers des jeunes sortis de l'enseignement supérieur en 2001 avec un diplôme de premier cycle, tout comme les quatre cinquièmes des diplômés d'un second cycle, occupent des positions de cadres ou de professions intermédiaires, tandis que la quasi-totalité des diplômés d'un troisième cycle sont cadres, d'après les données du Centre d'études et de recherches sur les qualifications (Cereq). À l'inverse, les possibilités d'accéder à ce salariat intermédiaire se raréfient pour les jeunes n'ayant pas continué leurs études au-delà du bac. Les diplômes les plus élevés constituent ainsi la meilleure protection contre le déclassement. [...]
Tout laisse penser par ailleurs qu'une bonne partie des déclassements connus par les diplômés de l'enseignement supérieur sont temporaires : entrés sur le marché du travail entre 1973 et 1982, au plus fort de la crise de l'emploi, 30 % d'entre eux ont commencé leur vie professionnelle comme employés ou ouvriers ; mais après onze à vingt ans de carrière, seuls 15 % sont encore employés ou ouvriers en 1993, et 80 % d'entre eux ont atteint un statut de cadre, moyen ou supérieur.

Tristan Poullaouec, « Le diplôme, l'arme des plus faibles », *Libération*, 6 mars 2006.

Le Lab SES

Argumenter à l'oral

Comment lutter contre les discriminations à l'embauche ?

DOC 1 Une campagne du gouvernement pour lutter contre les discriminations à l'embauche

DOC 2 Ce que dit la loi

Aucun salarié ou agent public ne peut être discriminé au travail en matière d'embauche, de formation, de salaire.... Il peut s'agir de discrimination raciste, sexiste, homophobe, par l'âge ou selon l'état de santé. Les discriminations pour les opinions politiques ou syndicales sont également interdites.

« Discrimination au travail », www.service-public.fr.

DOC 3 Les sanctions encourues

Loi n° 2017-86 du 27 janvier 2017 relative à l'égalité et à la citoyenneté

Article 225-2 – La discrimination définie aux articles 225-1 à 225-1-2, commise à l'égard d'une personne physique ou morale, est punie de trois ans d'emprisonnement et de 45 000 euros d'amende lorsqu'elle consiste :

[...]

3° À refuser d'embaucher, à sanctionner ou à licencier une personne ;

[...]

5° À subordonner une offre d'emploi, une demande de stage ou une période de formation en entreprise à une condition fondée sur l'un des éléments visés [aux articles précédents].

[...]

Code pénal.

Déroulement du débat

1. Établissez les règles du débat (durée, modalités de prise de parole, comportements interdits…)
2. Sélectionnez deux élèves « modérateurs du débat » qui seront chargés de distribuer la parole et de faire respecter les règles, et deux « secrétaires du débat qui prendront en note les arguments présentés.
3. Les modérateurs déclarent le débat ouvert : c'est parti !

Rechercher des informations

1. Quels sont les principaux critères de discrimination à l'embauche ? (doc 1 et 2)
2. Que risque un employeur reconnu coupable de discrimination ? (doc 3)
3. D'après vous, est-il facile pour un candidat de prouver qu'il a été victime de discrimination ?

Trouver des arguments pour le débat

4. Quels éléments apparaissant sur le CV peuvent servir de base à des discriminations ?
5. Comment pourrait-on alors réduire le risque de discrimination ?
6. Quelles mesures visant les employeurs pourraient être mises en œuvre pour réduire les discriminations à l'embauche ?

Faire le bilan du débat

7. Suite au débat, quelles idées vous ont paru les plus intéressantes pour lutter contre les discriminations à l'embauche ?

Quelles « règles du jeu » faut-il maîtriser pour décrocher un emploi ?

Documentaire français
Réalisation : Claudine Bories, Patrice Chagnard
Durée : 106 minutes
Année : 2014
DVD : Blaq Out, octobre 2015

Les Règles du jeu

Le film

Lolita, Thierry, Hamid et Kevin ont vingt ans. Ils sont sans diplômes. Pendant six mois, les coaches d'un cabinet de placement vont les accompagner afin de leur apprendre les codes à adopter pour augmenter leurs chances de trouver un emploi. Comment s'habiller, se présenter, communiquer sa motivation : des « règles du jeu » qui n'ont souvent rien d'évident pour eux.

Les extraits

Minutage :
de **2'39 à 4'46**, de **11'06 à 14'33**, de **24'17 à 28'13**
Durée totale : 9 minutes

À travers le parcours de Lolita, ces trois extraits permettent de comprendre les fonctions d'un cabinet de placement et d'appréhender les difficultés que rencontrent les jeunes sans diplômes pour « se vendre » auprès des employeurs.

Le premier extrait présente Lolita et les objectifs du « contrat d'autonomie » sur lequel elle s'engage. Les deux extraits suivants mettent en scène Lolita face à des conseillers qui vont tenter de lui apprendre les « codes » de l'entretien d'embauche.

SE QUESTIONNER À PARTIR DES EXTRAITS

DÉCRIRE

1 Présentez Lolita : niveau de diplôme, expériences professionnelles, projet professionnel.

2 Quelles sont les modalités du « contrat d'autonomie » ?

ANALYSER

3 Lors de la simulation d'entretien, qu'essaie de faire comprendre la conseillère à Lolita ?

4 Quelles sont les difficultés de la jeune fille ?

CONCLURE

5 Pourquoi les « premières impressions » sont-elles importantes lors d'un entretien d'embauche ?

CONTREPOINT

DOC L'insertion professionnelle des jeunes non diplômés

Dans l'industrie, l'intérim et les CDD[1] ne sont pas seulement un outil de flexibilité de l'emploi, mais aussi un important instrument de sélection de la main-d'œuvre : les contrats temporaires permettent une observation prolongée du salarié en situation de travail, mais aussi un tri au gré d'évaluations successives. [...] Bien que les chefs d'entreprise ne déclarent jamais exiger de diplôme pour les emplois de production classés non qualifiés, dans les faits, la majorité des personnes recrutées ont le niveau de diplôme du CAP (certificat d'aptitude professionnelle) ou du BEP (brevet d'études professionnelles), et le niveau bac est de plus en plus courant. Des dimensions du comportement et de la personnalité sont aussi recherchées et testées, la « ponctualité » mais aussi la « disponibilité », le « dynamisme », la « motivation », l'« envie de travailler », qui résument une capacité d'adhésion à l'entreprise et une faculté d'adaptabilité. [...] Un tel durcissement des critères de sélection à l'embauche a pour effet de fermer des voies d'accès à des emplois à des populations qui y étaient auparavant intégrées, tout particulièrement des jeunes quittant le système scolaire sans diplôme. [...] Cette élévation des exigences à l'embauche se rencontre aussi chez les employés, dans le monde des services, y compris dans le public. [...] Ainsi, sur fond de chômage de masse et de montée des emplois précaires, les entreprises du secteur privé comme du public exigent à la fois plus de ressources scolaires et plus d'« adaptabilité » de la part des salarié-e-s subalternes.

Yasmine Siblot, Marie Cartier, Isabelle Coutant, Olivier Mascle, Nicolas Renah,
Sociologie des classes populaires contemporaines,
© Armand Colin, coll. U, 2015.

1. L'intérim et les CDD sont des contrats de travail temporaires.

1 **Repérer.** Quels sont les deux éléments qui montrent un durcissement des critères de sélection à l'embauche pour les emplois non qualifiés ?

2 **Expliquer.** Comment ce durcissement peut-il s'expliquer ?

3 **Lire.** Que signifie la phrase soulignée ?

Synthèse

1 D'après le documentaire, pourquoi les jeunes non ou peu diplômés ont-ils du mal à trouver un emploi ?

2 Quelles autres explications sont apportées par le texte ?

3 En quoi la mise en relation de ces documents permet-elle de comprendre les « règles du jeu » pour s'insérer sur le marché du travail ?

FICHE

SAVOIR-FAIRE

1 Maîtriser le sens des consignes

1 Qu'est-ce qu'une consigne ?

Les questions sur les documents sont souvent précédées d'une consigne, un verbe à l'infinitif, qui indique un objectif. Pour répondre correctement aux questions, il est important de bien comprendre ces consignes.

2 Comment interpréter une consigne ?

Consigne	Que faut-il faire ?
Analyser	Décrire, expliquer et déduire les causes ou les conséquences d'un fait, d'un phénomène, d'un mécanisme.
Argumenter	Démontrer une idée en explicitant un mécanisme, une notion, un concept et en l'illustrant.
Calculer	Effectuer une ou plusieurs opérations permettant d'obtenir un résultat chiffré.
Comparer	Identifier les ressemblances et/ou les différences entre plusieurs faits, phénomènes, mécanismes.
Déduire	Donner les causes ou les conséquences logiques d'une situation, d'un mécanisme.
Définir	Présenter les caractéristiques des notions et des concepts proposés.
Expliquer	Rechercher et expliciter les causes d'un fait, d'un phénomène, d'un mécanisme.
Illustrer	Donner un ou plusieurs exemples.
Lire	Rédiger une phrase contenant et donnant du sens à la donnée chiffrée indiquée.
Repérer	Identifier les éléments pertinents dans les documents et les nommer.

Exercices

EXERCICE 1 Relier chaque question à la consigne qui lui correspond

- Quel est le taux de variation du PIB d'un pays qui vaut 1 000 milliards de dollars en 2020 et 1 200 milliards de dollars en 2030 ?
- Montrez que le mode de scrutin proportionnel avantage les petits partis.
- Rédigez une phrase avec la donnée soulignée.
- À partir du tableau proposé, identifiez les principales institutions politiques de la Ve République.
- Montrez en quoi le processus de socialisation peut être différencié selon le milieu social et le genre.
- Qu'est-ce que le PIB ?
- En quoi les chances d'accès aux formations diplômantes sont-elles socialement différenciées ?
- Quel est le rôle de la famille dans le processus de socialisation ?

- Analyser
- Argumenter
- Calculer
- Déduire
- Définir
- Expliquer
- Lire
- Repérer

EXERCICE 2 À partir du document, rédiger des questions en employant les consignes suivantes

Définir • Calculer • Expliquer • Décrire • Analyser

Face au mouvement des « gilets jaunes », le gouvernement a annoncé, mercredi 5 décembre, une annulation de la hausse de la taxe carbone, qui aurait dû passer de 44,60 à 55 euros la tonne au 1er janvier [...]. Mais cette taxe, qui a peiné à se mettre en place, est impopulaire et critiquée même parmi les défenseurs de l'environnement. [...] L'idée de « donner un prix au carbone » pour limiter les émissions de gaz responsables du changement climatique a été évoquée lors du protocole de Kyoto en 1997. [...] Il s'agissait de créer une contribution d'un montant d'abord symbolique, qui augmenterait progressivement et régulièrement pour inciter les particuliers et entreprises le temps de s'adapter (par exemple en changeant de voiture, en isolant les bâtiments, en s'équipant de machines moins consommatrices...) [...] La composante carbone s'intègre aux taxes sur l'énergie, en fonction de la quantité de gaz à effet de serre émise par un produit. Exprimée en euros par tonne de CO_2, elle est payée par les particuliers et les entreprises, et intégrée au prix final de l'essence, du gazole, du fioul ou du gaz naturel.

Anne-Aël Durand, « Comprendre la taxe carbone en huit questions », *Le Monde*, 7 décembre 2018.

FICHE SAVOIR-FAIRE

2 Lire et interpréter un texte

Comment analyser un texte ?

Étape 1 ■ Identifier la source du texte

1. Identifier la nature du document : est-ce un article de presse, un extrait d'un ouvrage scientifique, d'un manuel, d'un essai, d'un roman, d'un compte rendu d'enquête, d'un rapport officiel, d'un blog ?
2. Identifier l'auteur du document : quel est son nom, son statut (journaliste, chercheur universitaire, témoin...) ?
3. Identifier la date du document pour situer le contexte.

Dans quel ordre présenter une source ?
• Pour un livre, l'ordre de présentation est le suivant : tout d'abord l'auteur, puis le titre, le nom de l'éditeur, et enfin la date de parution (et, éventuellement, la page).
• Pour un journal ou un magazine, l'ordre de présentation est quasiment le même : tout d'abord l'auteur, puis le titre de l'article, le nom du magazine ou du journal, et enfin la date de parution (et, éventuellement, la page).
Comment présenter les titres d'une source ?
• Titre d'un livre ou d'un journal : souligné (si rédigé à la main) OU en *italique* (si rédigé à l'ordinateur)
• Titre d'un article ou d'un extrait d'un ouvrage (chapitre) : entre guillemets (« ... »)

Étape 2 ■ Lire le texte et repérer les principales informations

4. Lire le texte une première fois pour repérer et chercher le sens des mots de vocabulaire nouveaux.
5. Relire une seconde fois le texte et repérer les principaux éléments.
6. Hiérarchiser les informations : dégager l'idée générale du texte, puis l'idée de chaque paragraphe (idée secondaire), et enfin les exemples donnés.

Étape 3 ■ Répondre aux questions

7. Lire les questions et identifier les consignes correspondantes.
8. Rédiger votre réponse en vous appuyant sur les éléments dégagés lors des étapes précédentes.

Exercice

EXERCICE Lire et interpréter un texte

Les individus sont immergés dans des groupes sociaux (la famille, les collègues, les amis, les membres associatifs, la maison de retraite ou le centre de convalescence...) qui les socialisent. On parle parfois d'instances socialisatrices (au sens où il y a des institutions telles que la famille, la religion, le travail, le parti politique, l'association, la prison ou l'hôpital...), mais [...] il ne faut jamais oublier que le père et la mère, les membres d'un parti politique ou d'une profession peuvent avoir des influences socialisatrices qui ne vont pas forcément toujours dans le même sens et que ce ne sont pas forcément des entités homogènes. Dans ce cas, dans le groupe de référence et dans l'environnement immédiat, qui sont les autruis significatifs de l'individu socialisé ?

Emmanuelle Zolesio, « Socialisations primaires / secondaires : quels enjeux ? », *Idées économiques et sociales*, 2018.

1. **Repérer.** Identifiez la nature du document, l'auteur et la date de publication du document.
2. **Définir.** Identifiez et définissez les mots de vocabulaire nouveaux.
3. **Repérer.** Quelle est l'idée générale du texte ?
4. **Repérer.** Quelles sont les idées secondaires du texte ?
5. **Repérer.** Quels sont les exemples donnés dans ce texte ?
6. **Illustrer.** Expliquez la phrase soulignée à l'aide d'un exemple.

FICHE

SAVOIR-FAIRE

3 Rédiger une argumentation

1 Pourquoi argumenter ?

En sciences économiques et sociales, comme dans d'autres disciplines et dans la vie courante, il est indispensable de savoir construire une argumentation convaincante pour répondre à une question ou défendre un point de vue, à l'oral comme à l'écrit.

2 Comment construire un paragraphe argumenté : la méthode « AEI »

Étape 1 ▪ Commencer le paragraphe en affirmant (A) une idée qui répond au sujet

Cette affirmation reprend les mots du sujet.

Exemple « Le choix du mode de scrutin influe-t-il sur la vie politique ? », début de réponse : « Le choix du mode de scrutin peut influer sur la vie politique ».

Étape 2 ▪ Expliquer l'idée (E)

Cette explication reprend les notions et mécanismes vus en cours, et commence par « En effet ... ».

Exemple « En effet, il existe principalement deux types de scrutin. Le mode de scrutin majoritaire attribue un (scrutin uninominal) ou plusieurs (scrutin de liste) sièges au candidat ou à la liste qui a obtenu le plus de voix. À l'inverse, le mode de scrutin proportionnel (pour les scrutins de liste uniquement) attribue un pourcentage de sièges qui correspond au pourcentage de voix obtenu. »

Étape 3 ▪ Donner un exemple pour illustrer (I) son idée

Cet exemple est le plus souvent issu des documents proposés avec le sujet (mais peut être issu du cours) et commence par « Par exemple ... ».

Exemple « Par exemple, lors des élections législatives de 2017 (scrutin uninominal), la majorité présidentielle a obtenu plus de 49 % des voix au second tour, et donc 350 sièges (sur 577), soit plus de 60 % des sièges. Si le scrutin avait été proportionnel, la majorité présidentielle aurait obtenu 49 % des sièges. On voit donc bien ici que le mode de scrutin influe sur la vie politique. »

Exercice

EXERCICE Identifier les étapes de l'argumentation

Une approche sociologique de l'anorexie permet de montrer les différents processus de socialisation qui se conjuguent pour expliquer l'anorexie, mais aussi ce qu'on gagne en termes de connaissances à envisager à l'aide de la notion de socialisation ce qui est habituellement vu comme une nature biologique, psychologique ou pathologique. Les jeunes filles apprennent d'abord auprès d'instances diverses (le groupe de pairs, Internet, les magazines féminins, mais aussi les médecins ou des membres de la famille) des techniques pour maigrir, puis pour « maigrir encore plus ». Par exemple, les mesures du corps jouent comme autant d'incitations à ne pas s'arrêter. Elles développent également un goût pour les effets de la restriction alimentaire, pour les sensations physiques de la privation et pour la maigreur elle-même. Elles apprennent enfin à faire durer l'amaigrissement, à le rendre possible en habituant le corps à le supporter ou en essayant de masquer la poursuite de cette activité aux yeux des autres (des parents, des enseignants puis même du groupe de pairs).

Muriel Darmon, « Devenir anorexique », *Sciences Humaines*, n° 301, mars 2018.

1. **Repérer.** Dans le texte proposé, indiquez les affirmations, les explications et les illustrations.
2. **Déduire.** Rédigez l'intitulé du sujet auquel ce texte répondrait.

SAVOIR-FAIRE

FICHE 4

Travailler la prise de notes

1 Pourquoi apprendre à prendre des notes ?

En cours de SES, comme dans d'autres cours, il est parfois utile de savoir prendre des notes. Il s'agit de gagner du temps, sans pour autant déformer ni oublier la moitié du contenu des cours ! Pour cela, il convient de minimiser la rédaction en utilisant des abréviations et des symboles.

2 Comment améliorer sa prise de notes ?

Une bonne prise de notes nécessite une bonne concentration, une bonne écoute de ce qui se dit dans la classe (de ce que dit le professeur, mais aussi de ce que disent d'autres élèves). Si vous n'êtes pas concentré, vous risquez de noter des erreurs et ensuite de les apprendre.

Étape 1 ▪ Repérer dans le discours du professeur les mots clés

Certains indices vous aideront à identifier les mots clés : des changements d'intonation dans la voix du professeur ou la répétition de certains termes, le fait que le professeur les écrive au tableau ou qu'il y revienne en fin de cours, le fait qu'il les développe par des exemples, comme une statistique ou un texte lu en classe.

Étape 2 ▪ Élaguer le discours du professeur

Tout ce que dit le professeur n'a pas la même importance. En plus des idées principales, le cours se compose d'illustrations sous forme d'exemples, de données chiffrées, d'anecdotes... Vous n'avez pas à noter tous ces éléments en entier, mais à les résumer en quelques mots.

Étape 3 ▪ Repérer les articulations logiques

Détecter les connecteurs logiques entre les différents points étudiés : conséquence, cause, opposition, etc. Cela vous aidera à organiser vos notes sur votre cahier : saut de ligne, tirets, etc.

Étape 4 ▪ Bien tenir son classeur/cahier

Commencer chaque nouveau chapitre sur une nouvelle feuille, bien respecter le plan et l'architecture du cours, changer de couleur pour les titres (2 ou 3 couleurs différentes suffisent), décaler les titres en fonction de leur importance, aller à la ligne à chaque nouvelle idée, numéroter et dater ses feuilles.

Étape 5 ▪ Retravailler ses cours le soir même

Relire, souligner les mots importants, vérifier le plan, compléter avec des annotations dans la marge, tout cela permet de s'approprier son cours.

Étape 6 ▪ Utiliser des abréviations ou des symboles

Les abréviations facilitent considérablement la prise de notes mais, faute de rigueur, elles peuvent devenir indéchiffrables. C'est pourquoi il ne faut jamais improviser une abréviation en fonction de l'inspiration du moment mais respecter un code établi une fois pour toutes.
Quelques astuces pour créer des abréviations :
- suppression de lettres intercalaires : problème devient « pb » ; développement devient « dvpt »
- suppression des syllabes finales : industrie devient « ind. » ; démocratie devient « démo. »
- utilisation de symboles mathématiques : ↘, ↗, Δ (variation), > (supérieur à), < (inférieur à), etc.

SAVOIR-FAIRE

FICHE

5 Lire un tableau simple ou à double entrée

1 Qu'est-ce qu'un tableau simple ou à double entrée ?

Les **tableaux simples et à double entrée** sont utilisés pour présenter des informations chiffrées. Ils permettent de décrire une répartition ou une évolution.

2 Comment lire un tableau simple ou à double entrée ?

Le tableau simple

Le **tableau de répartition simple** permet d'étudier la répartition (ou distribution) d'un seul critère parmi une « population ».

Exemple On cherche à connaître le nombre de frères et sœurs des élèves qui composent la classe de 2de 2.

Nombre de frères et sœurs par élève	Nombre d'élèves (= population étudiée)
0	2
1	4
2	7
3	3
> 4	1
	Total 17

Lire. Sur le total des 17 élèves de 2de 2, il y a 2 élèves qui n'ont aucun frère et/ou sœur ; il y a 7 élèves qui ont 2 frères et/ou sœurs.

Le **tableau d'évolution simple** montre l'évolution d'une seule variable dans le temps.

Exemple

Évolution de la moyenne de chaque devoir de SES de la classe de 2de 2 au premier trimestre 2020	
Dates devoir	**Note moyenne**
14/09/20	12
30/09/20	13,5
07/10/20	13
16/11/20	14,5
16/12/20	14

Lire. Entre le premier devoir de SES et le deuxième, la moyenne obtenue par la classe passe de 12 à 13,5.

Le tableau à double entrée

Le **tableau de répartition à double entrée** permet d'étudier la répartition (ou distribution) de plusieurs critères parmi une « population ».

Exemple On cherche à connaître la répartition des élèves de la classe de 2de 1 selon la taille et la couleur de leurs yeux (deux critères).

Couleur des yeux / Taille (en cm)	Bleu	Vert	Marron	Effectifs totaux (selon la taille)
< 159	1	0	1	2
Entre 160 et 169	3	0	4	7
Entre 170 et 179	1	2	2	5
> 180	0	1	2	3
Effectifs totaux (selon la couleur des yeux)	5	3	9	17 = **population étudiée**

Lire. Sur les 17 élèves de 2de 1, il y a 1 élève qui mesure moins de 159 cm et qui a les yeux bleus ; il y a 4 élèves qui mesurent entre 160 et 169 cm et qui ont les yeux marron.

Le **tableau d'évolution à double entrée** permet de montrer l'évolution de plusieurs variables dans le temps.

Exemple

Évolution de la moyenne de SES de quatre élèves de la classe de 2de 2 au premier trimestre 2020				
Dates	Élèves de 2de 2			
	Johanna	Karim	Gaëlle	Elaïa
14/09/20	12	14	11	15
30/09/20	10	13	15	13
07/10/20	09	15	14	14
16/11/20	10	14	12	16
16/12/20	08	12	13	17

Lire. Entre le premier devoir de SES et le deuxième, la note obtenue par Johanna passe de 12 à 10.

Exercices

EXERCICE 1 Lire et interpréter un tableau de répartition simple

Croissance du PIB en 2018 (en % annuel)	
États-Unis	2,9
Japon	1,2
Allemagne	2,5
France	2,1
Royaume-Uni	1,6
Chine	6,6
Inde	7,4
Brésil	2,3
Russie	1,7
Afrique du Sud	1,5

Alternatives Économiques, Les Chiffres 2019, hors-série n° 115, 10/2018.

1. **Repérer.** Quelle est l'unité utilisée ici ?
2. **Repérer.** Quelle est la variable étudiée ici ?
3. **Lire.** Rédigez une phrase avec la donnée chiffrée de votre choix.
4. **Comparer.** Comment classer les pays présentés ?

EXERCICE 2 Lire et interpréter un tableau de répartition à double entrée

Temps total passé au chômage durant les trois premières années de la vie active					
	0 mois	De 1 à 5 mois	De 6 à 11 mois	Plus d'un an	Total
Aucun diplôme	(23)	13	11	(53)	100
CAP-BEP	29	15	17	39	100
Baccalauréat	40	21	16	23	100
Bac + 2 hors santé social	42	25	15	18	100
Bac + 2/3 santé social	71	23	4	2	100
Bac + 3/4 hors santé social	48	25	14	13	100
Bac + 5 (M2)	52	21	15	12	100
Doctorat	68	14	9	9	100
Ensemble	41	20	14	25	100

Champ : génération sortie de formation initiale en 2013.

Source : Céreq, « Quand l'école est finie », Enquête « Génération 2013 », 2017.

1. **Repérer.** Quelle est l'unité utilisée ici ?
2. **Lire.** Rédigez une phrase utilisant chacune des données entourées.
3. **Analyser.** Quelles sont les principales informations que nous apporte ce document ?
4. **Repérer.** Présentez les données des deux premières lignes de ce tableau sous forme de diagramme en bâtons. (➡ *Fiche savoir-faire 6*)

FICHE

SAVOIR-FAIRE

6 Lire et interpréter un diagramme de répartition

1 Qu'est-ce qu'un diagramme de répartition ?

Le **diagramme de répartition** permet de présenter de façon claire la répartition d'une population entre différents sous-ensembles ou groupes. Le plus souvent, l'unité utilisée est précisée sur le diagramme.

Exemple Connaître la répartition des sous-ensembles ou groupes « femmes » et « hommes » dans la population totale des « chômeurs » en France.

2 Comment lire les différents diagrammes de répartition ?

Les données statistiques des tableaux de répartition (➥ ***Fiche savoir-faire 5***) peuvent être présentées sous forme de graphiques (diagrammes en bâtons, en bandes, circulaires…).

Exemple À partir des données du tableau à double entrée de la fiche 5, on obtient les graphiques suivants.

Diagramme en bâtons
(pour les variables qualitatives)

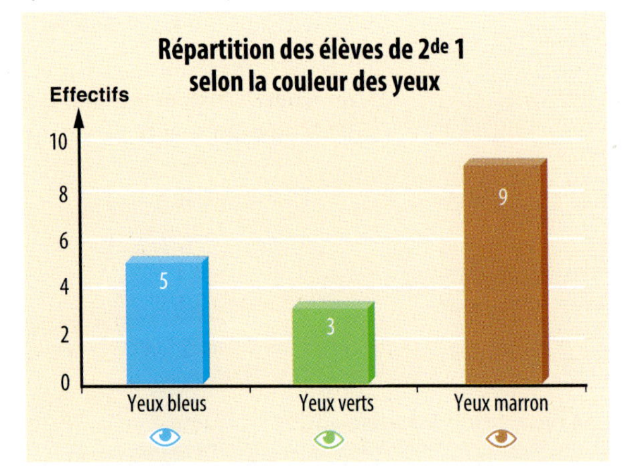

Lire. Il y a 9 élèves de 2de 1 qui ont les yeux marron.

Diagramme en bandes
(pour les variables quantitatives)

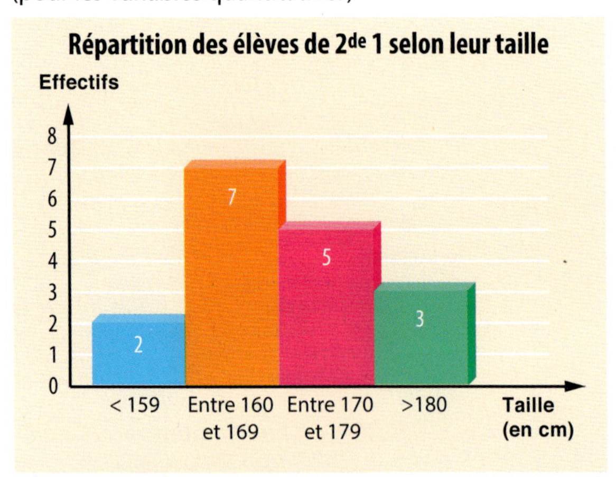

Lire. Il y a 7 élèves de 2de 1 qui mesurent entre 160 et 169 cm.

Diagramme circulaire

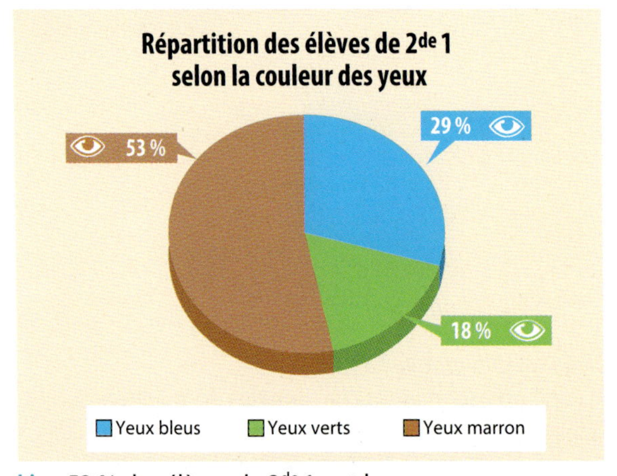

Lire. 53 % des élèves de 2de 1 ont les yeux marron.

3 Comment interpréter un diagramme de répartition ?

Étape 1 ■ Présenter le document

1. Identifier le type de diagramme : est-ce en bâtons, en courbes, en bandes, circulaire ?
2. Présenter le diagramme : quelle est la source, le nom de l'auteur, la date, le sujet du diagramme ?

Étape 2 ■ Lire les données

3. Identifier les unités : les données sont-elles exprimées en effectifs, en pourcentage ?
4. Rédiger quelques phrases de lecture contenant plusieurs données et leur unité.

Étape 3 ■ Analyser et interpréter les informations

5. Repérer les valeurs remarquables : quelles sont les valeurs maximales, les valeurs minimales ? Y a-t-il des données qui se détachent des autres ?
6. Extraire les principales informations du document : quels sont les principaux sous-ensembles ?

Exercices

EXERCICE 1 Lire et interpréter un diagramme circulaire

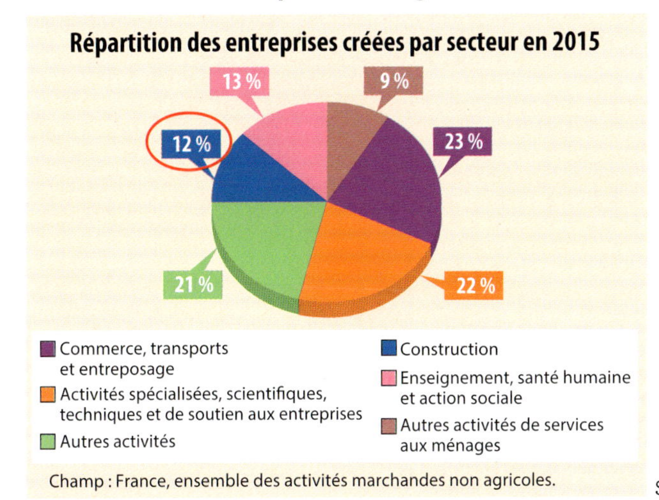

Source : Insee, « Les entreprises en France », 2016.

1. **Repérer.** Présentez le document.
2. **Repérer.** Quelle est l'unité utilisée ici ?
3. **Lire.** Rédigez une phrase avec la donnée entourée.
4. **Repérer.** Dans quel secteur y a-t-il eu le plus d'entreprises créées en 2015 ? et le moins d'entreprises ?

EXERCICE 2 Lire et interpréter un diagramme en bâtons

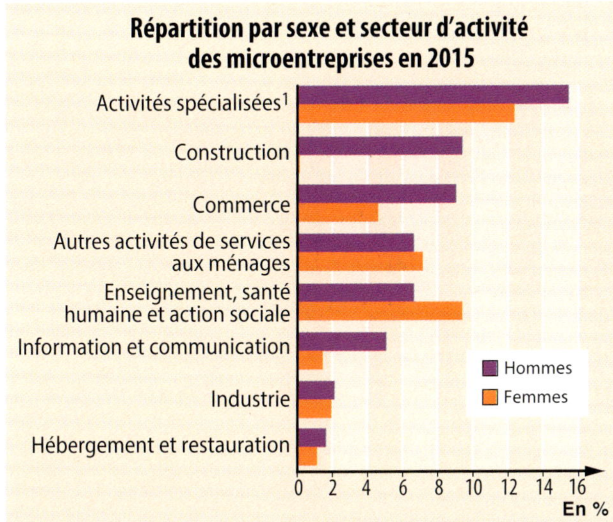

Source : Insee, « Les entreprises en France », 2016.

1. **Repérer.** Présentez le document.
2. **Repérer.** Quelle est l'unité utilisée ici ?
3. **Rédiger.** Quelle est la part des micro entrepreneurs hommes dans le secteur des activités spécialisées, scientifiques, techniques et de soutien aux entreprises ?
4. **Analyser.** Quelles sont les deux principales informations que nous apporte ce document ?

SAVOIR-FAIRE

FICHE 7

Lire et interpréter un diagramme d'évolution

1 Qu'est-ce qu'un diagramme d'évolution ?

Le **diagramme d'évolution** permet de présenter de façon claire l'évolution d'une variable dans le temps. Le plus souvent, l'unité utilisée est précisée sur le diagramme.

Exemple Connaître l'évolution du taux de chômage en France, entre le 1er janvier 2019 et le 31 décembre 2019.

2 Comment lire les différents diagrammes d'évolution ?

Les données statistiques des tableaux d'évolution (➥ *Fiche savoir-faire 5*) peuvent être présentées sous forme de graphiques.

Exemple À partir des données du tableau à double entrée de la fiche 5, on obtient les graphiques suivants.

Une courbe

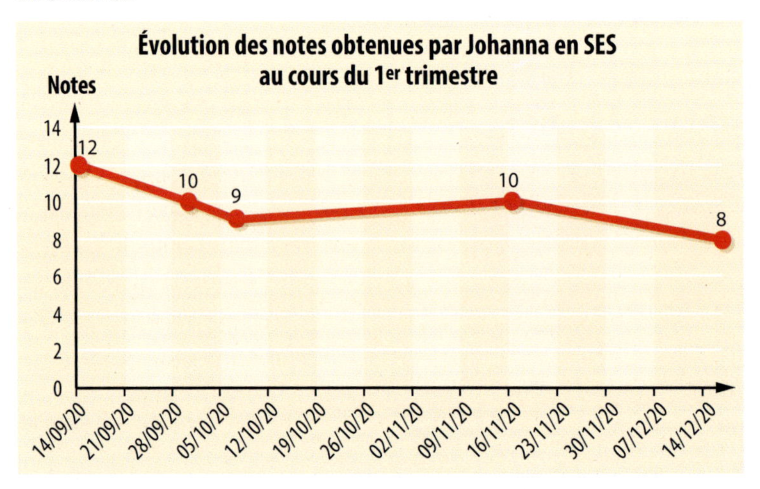

Lire. Au premier devoir, Johanna a obtenu 12/20 ; au dernier devoir, Johanna a obtenu 08/20.

Un diagramme en bâtons

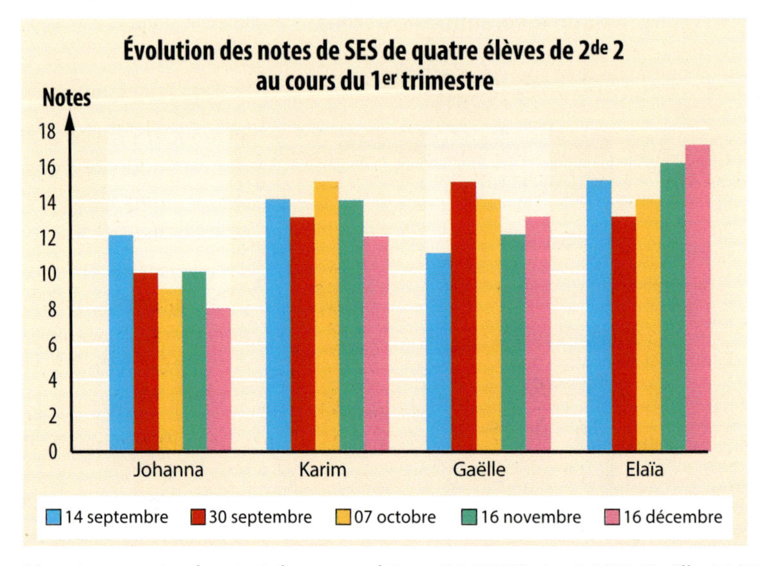

Lire. Au premier devoir, Johanna a obtenu 12/20, Karim 14/20, Gaëlle 11/20 et Elaïa 15/20.

3 Comment interpréter un diagramme d'évolution ?

Étape 1 ■ Présenter le document

1. Identifier la nature du diagramme : est-ce en bâtons, en courbes, en bandes, circulaire ?
2. Présenter le diagramme : quelle est la source, le nom de l'auteur, la date, le sujet du diagramme ?

Étape 2 ■ Lire les données

3. Identifier les unités : les données sont-elles exprimées en effectifs, en pourcentage ?
4. Rédiger quelques phrases de lecture contenant plusieurs données et leur unité.

Étape 3 ■ Analyser et interpréter les informations

5. Repérer les valeurs remarquables : quelles sont les valeurs maximales et les valeurs minimales ? Y a-t-il des données qui se détachent des autres ?
6. Indiquer les tendances principales : est-ce une augmentation, une diminution ?
7. Indiquer les périodes : repérer les sous-périodes au sein de la tendance principale. Il peut s'agir de fluctuations régulières ou cycliques, ou de fluctuations ponctuelles ou accidentelles.
8. Expliquer les variations repérées à l'aide du cours.

Exercices

EXERCICE 1 Lire et interpréter une courbe

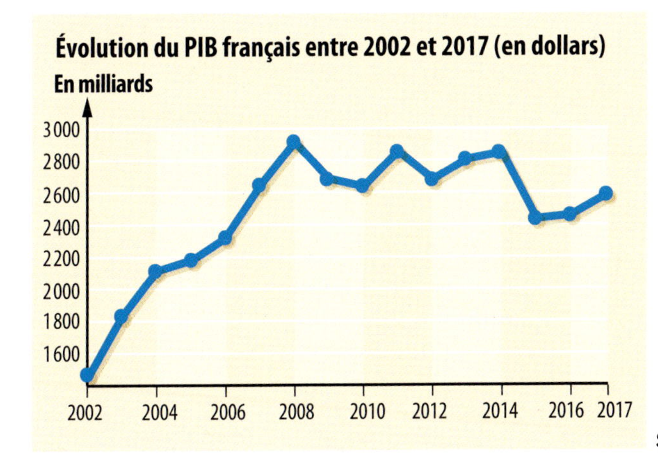

Sources : Banque mondiale et OCDE, 2018.

1. Repérer. Présentez le document.

2. Lire. Rédigez une phrase utilisant la donnée correspondant à l'année 2017.

3. Lire. En quelle année le PIB français a-t-il été le plus haut sur cette période ?

4. Repérer. Quelle est la tendance générale du PIB entre 2002 et 2017 ? Quelles sont les périodes qui se dégagent ?

EXERCICE 2 Lire et interpréter un diagramme en bâtons

Évolution de la part des femmes parmi les candidats et parmi les élus lors des élections législatives (députés)

En %

45
40
35
30
25
20
15
10
5
0

1958 1962 1967 1968 1973 1978 1981 1986 1988 1993 1997 2002 2007 2012 2017

Part des femmes parmi les candidats
Part des femmes parmi les députés

Source : Insee, Observatoire des inégalités, « La part des femmes progresse à l'Assemblée nationale et au Sénat », 12/2018.

1. Repérer. Présentez le document.

2. Lire. Rédigez une phrase utilisant les deux données de l'année 2017.

3. Décrire. Comment évolue la part des femmes candidates à l'élection législative ? et la part des femmes élues ?

4. Analyser. Selon vous, quelles peuvent être les explications des évolutions constatées aux questions précédentes ?

SAVOIR-FAIRE

FICHE

8 Lire, interpréter et effectuer des calculs de répartition

1 Qu'est-ce qu'un pourcentage de répartition ?

Un **pourcentage de répartition** permet de connaître l'importance des différents sous-ensembles composant un ensemble.

2 Comment calculer un pourcentage de répartition ?

Formule Pourcentage de répartition = (sous-ensemble / ensemble) × 100
= (une partie du tout / tout) × 100

Exemple

Nombre de frères et sœurs pour les élèves qui composent la classe de 2de 2		
Nombre de frères et sœurs par élève	Nombre d'élèves (= population étudiée)	Calcul de répartition (en % d'élèves)
0	2	(2 / 17) × 100 = 11,7
1	4	(4 / 17) × 100 = 23,5
2	7	(7 / 17) × 100 = 41,1
3	3	(3 / 17) × 100 = 17,6
> 4	1	(1 / 17) × 100 = 5,8
	Total = 17	100

Lire. Si les calculs sont justes, la somme des pourcentages de répartition obtenus doit être égale à 100. Il faut toujours préciser l'ensemble de référence.

3 Comment lire et interpréter un pourcentage de répartition ?

Exemple

Répartition des élèves d'une classe selon leur taille		
Taille des élèves (en cm)	Part des élèves (en %)	Proportion équivalente
< 150	10	un dixième des élèves
Entre 150 et 159	25	un quart des élèves
Entre 160 et 169	20	un cinquième des élèves
Entre 170 et 179	33	un tiers des élèves
Entre 180 et 189	10	un dixième des élèves
> 190	2	deux centièmes des élèves
Total	100	

Lire et interpréter. Dans cette classe, 25 % des élèves (ou un quart d'entre eux) mesurent entre 150 cm et 159 cm. 10 % des élèves (ou un dixième d'entre eux) mesurent entre 180 cm et 189 cm. On constate que les individus mesurant entre 170 cm et 179 cm sont les plus nombreux.
Remarque : il faut toujours préciser l'ensemble de référence.

Quelques repères utiles pour lire rapidement un pourcentage de répartition

Exemple

En pourcentage	En fraction	En part
10 %	$\frac{1}{10}$	un dixième
25 %	$\frac{1}{4}$	un quart
33 %	$\frac{1}{3}$	un tiers
50 %	$\frac{1}{2}$	la moitié
66 %	$\frac{2}{3}$	deux tiers
75 %	$\frac{3}{4}$	trois quarts

Exercices

EXERCICE 1 Lire et interpréter des pourcentages de répartition

Répartition des bacheliers selon le type de baccalauréat (en %)	
Type de baccalauréat	**Part de bacheliers**
Bac général (ES, L, S)	(63)
Bac technologique (STMG, ST2S, STL...)	24
Bac professionnel (commerce, gestion, cuisine...)	12
Autre	1

Champ : génération sortie de formation initiale en 2013.

Source : Céreq, *Quand l'école est finie, enquête génération 2013*, 2017.

1. **Lire.** Rédigez une phrase avec la donnée entourée.
2. **Lire.** Quelle est la part des bacheliers ayant obtenu un bac technologique en France en 2013 ?
3. **Lire.** Quelle est la part des bacheliers ayant obtenu un bac professionnel en France en 2013 ?
4. **Analyser.** Quelle est la principale information que l'on peut tirer de ce tableau ?

EXERCICE 2 Calculer, lire et interpréter des pourcentages de répartition

Répartition de la population de 15 ans et plus en France (en milliers)			
	Total	**Sexe**	
		Femmes	Hommes
Actifs	29 556	14 224	15 332
Population active en emploi	26 584	12 822	13 761
Population active au chômage	2 972	1 402	1 571
Inactifs	23 286	13 334	9 952
Total	52 842	27 558	25 284

Champ : France hors Mayotte, personnes de 15 ans ou plus.

Source : Insee, Enquête emploi, 2016.

1. **Calculer.** Quelle est la part de femmes parmi les actifs en France en 2016 ?
2. **Lire.** Rédigez une phrase avec la donnée obtenue à la question précédente.
3. **Calculer.** Quelle est la part d'actifs parmi la population de 15 ans et plus en France en 2016 ?
4. **Lire.** Rédigez une phrase avec la donnée obtenue à la question précédente.
5. **Calculer.** Quelle est la part d'inactifs parmi les hommes de 15 ans et plus en France en 2016 ?
6. **Lire.** Rédigez une phrase avec la donnée obtenue à la question précédente.
7. **Analyser.** Quelles sont les principales informations que l'on peut tirer de ce tableau ?

SAVOIR-FAIRE

FICHE 9

Lire, interpréter et effectuer des calculs de variation

1 Qu'est-ce qu'un coefficient multiplicateur ?

Un **coefficient multiplicateur** permet de mesurer l'évolution d'une variable entre deux dates.

Comment calculer un coefficient multiplicateur ?

Formule Coefficient multiplicateur = (valeur d'arrivée / valeur de départ)
= (valeur finale / valeur initiale)
Le résultat n'a pas d'unité.

Exemple

Évolution des notes obtenues par un élève en SES lors du premier trimestre		
Date	Notes de l'élève	Calcul du coefficient multiplicateur entre les deux notes
Lundi 16 septembre 2019	12 = valeur de départ	15 / 12 = 1,25
Vendredi 27 septembre 2019	15 = valeur d'arrivée	

Comment lire un coefficient multiplicateur ?

Évolution des notes obtenues par un élève en SES lors du premier trimestre			
Date	Notes de l'élève	Calcul du coefficient multiplicateur entre deux notes	Lecture du coefficient multiplicateur entre deux notes
Lundi 16 septembre 2019	12		
Vendredi 27 septembre 2019	15	(15 / 12) = 1,25	La deuxième note est 1,25 fois plus élevée que la première.
Lundi 7 octobre 2019	15	(15 / 15) = 1	Il n'y a eu aucune évolution entre la deuxième note et la troisième.
Lundi 11 novembre 2019	13	(13 / 15) = 0,87	La quatrième note équivaut à 0,87 fois la troisième note.

Comment interpréter un coefficient multiplicateur ?

Si le coefficient multiplicateur est supérieur à 1, cela signifie une hausse de la variable.
Si le coefficient multiplicateur est compris entre 0 et 1, cela indique une baisse de la variable.
Si le coefficient multiplicateur est égal à 1, cela signifie qu'il n'y a eu ni hausse ni baisse.

2 Qu'est-ce qu'un taux de variation ?

Un **taux de variation** permet de mesurer l'évolution d'une variable entre deux dates.

Comment calculer un taux de variation ?

Formule Taux de variation = [(valeur d'arrivée – valeur de départ) / valeur de départ] × 100
= [(valeur finale – valeur initiale) / valeur initiale] × 100
Le résultat s'exprime en pourcentage par rapport à la date de départ.

Exemple

Évolution des notes obtenues par un élève en SES lors du premier trimestre		
Date	Notes de l'élève	Calcul du taux de variation entre les deux notes (en %)
Lundi 16 septembre 2019	12 = valeur de départ	[(15 – 12) / 12] × 100 = 25
Vendredi 27 septembre 2019	15 = valeur d'arrivée	

Comment lire un taux de variation ?

Exemple

Évolution des notes obtenues par un élève en SES lors du premier trimestre			
Date	Notes de l'élève	Calcul du taux de variation entre deux notes	Phrase de lecture du taux de variation d'une note à l'autre
Lundi 16 septembre 2019	12		
Vendredi 27 septembre 2019	15	[(15 – 12) / 12] × 100 = 25	Soit 25 % de hausse entre la première note et la deuxième note
Lundi 7 octobre 2019	15	[(15 – 15) / 15] × 100 = 0	Soit aucune évolution entre la deuxième note et la troisième
Lundi 11 novembre 2019	13	[(13 – 15) / 15] × 100 = – 13,33	Soit 13,3 % de baisse entre la troisième note et la quatrième

Comment calculer et lire un taux de variation cumulé ?

Un **taux de variation cumulé** permet de connaître l'évolution d'une variable suite à plusieurs évolutions successives.
Attention ! Les taux de variation successifs ne s'additionnent pas.

Exemple

Évolution du salaire d'un travailleur		
Année	Salaire (en euros par mois)	Calcul du taux de variation entre deux années consécutives (en %)
2016	1 000	
2017	1 500	[(1 500 – 1 000) / 1 000] × 100 = 50 Le salaire de ce travailleur augmente de 50 % entre 2016 et 2017
2018	750	[(750 – 1 500) / 1 500] × 100 = – 50 Le salaire de ce travailleur diminue de 50 % entre 2017 et 2018

Lire. Le salaire augmente ici tout d'abord de 50 % puis diminue de 50 %. Pourtant, le salaire ne revient pas à sa valeur de départ. Les taux de variation successifs ne s'additionnent donc pas. Ici, entre 2016 et 2018, le salaire diminue de 25 % (25 % ≠ 50 % + (–50 %)).

Comment interpréter un taux de variation ?

Si le taux de variation est supérieur à 0 %, cela signifie une hausse de la variable.
Si le taux de variation est iférieur à 0 %, cela indique une baisse de la variable.
Si le taux de variation est égal à 0 %, cela signifie qu'il n'y a eu ni hausse ni baisse.

Exercice

EXERCICE Lire, calculer et interpréter des taux de variation et de coefficients multiplicateurs

Évolution du PIB français (en volume)						
Année	2012	2013	2014	2015	2016	2017
PIB (en milliards d'euros)	2 157,02	2 169,9	...	2 215,7	2 242,4	2 291,7
Taux de variation du PIB (en % d'une année sur l'autre)		...	1	1,1	...	2,2
Coefficient multiplicateur du PIB		...	...	1,011	1,012	...
Hausse du PIB entre 2012 et 2017	...					

Source : Insee, Comptes nationaux, base 2014.

1. **Lire.** Rédigez une phrase avec les données de 2015.
2. **Calculer.** Recopiez et complétez le tableau.
3. **Calculer.** Comment obtenir le coefficient multiplicateur à partir du taux de variation ?
4. **Calculer.** Si le PIB français (en volume) augmente de 1, 2 % entre 2017 et 2018 puis de 2 % entre 2018 et 2019, combien vaut le PIB français en 2019 ?
5. **Déduire.** D'après votre réponse précédente, peut-on additionner des taux de variation successifs pour obtenir des taux de variation cumulés ?

SAVOIR-FAIRE

FICHE

10 Lire, calculer et interpréter des indices

1 Qu'est-ce qu'un indice ?

Les **indices** permettent de comparer une variable dans le temps (indice de variation) ou dans l'espace (indice de répartition). Ils n'ont pas d'unités.
Il existe des indices simples et des indices synthétiques. Ces derniers permettent de comparer des ensembles de grandeurs (quantités, prix, etc.) dans le temps ou dans l'espace.

2 Comment calculer un indice simple ?

Un **indice de variation** permet de connaître l'évolution d'une variable entre deux dates.

Formule Indice de variation = (valeur d'arrivée / valeur choisie comme « base ») × 100
= (valeur finale / valeur initiale) × 100

Exemple

Évolution du prix du manuel de SES		
Année	Prix (en euros)	Indice du prix du manuel par rapport à 2025
2025	15	**indice de base** = 100
2030	20	(20 / 15 × 100) = 133
2035	22	(22 / 15 × 100) = 146

Un **indice de répartition** permet de connaître la répartition d'une variable entre différents groupes à une même date.

Formule Indice de répartition = (valeur étudiée / valeur choisie comme « base ») × 100

Exemple

Comparaison des revenus salariaux (nets) moyens par an entre départements		
Département	Revenu salarial (net) moyen par an (en euros)	Indice de répartition
Hauts-de-Seine	35 870	(35 870 / 35 870) × 100 = 100
Lozère	17 110	(17 110 / 35 870) × 100 = 47
Cher	20 100	(20 100 / 35 870) × 100 = 56

On choisit comme indice de base 100 le revenu salarial (net) du département des Hauts-de-Seine.

Source : Insee, 2016.

3 Comment lire un indice ?

Étape 1 ■ Préciser la référence

Il s'agit souvent d'une date. L'indice de « base » à la date de référence est toujours 100.

Exemple En 2015, l'indice du prix du manuel est de 100. C'est l'indice de base. **Attention :** ce n'est pas le prix qui est de 100, mais l'indice du prix.

Étape 2 ■ Indiquer la valeur de l'indice à la date observée

Exemple En 2030, l'indice du prix du manuel est de 133.

Étape 3 ■ Comparer l'évolution de l'indice entre ces deux dates

On utilise un taux de variation ou un coefficient multiplicateur. ➡ *Fiche savoir-faire 9*

Exemple Entre 2025 et 2030, le prix du manuel a augmenté de (133 – 100) / 100) × 100 = 33 %. On peut dire aussi que le prix du manuel a été multiplié par (133 / 100) = 1,33 entre 2025 et 2030.

4 Comment interpréter un indice ?

Si l'indice simple est supérieur à 100, cela signifie une hausse de la variable.
Si l'indice simple est inférieur à 100, cela signifie une baisse de la variable.

5 Comment passer d'un indicateur à l'autre ?

	À partir d'un indice	À partir d'un coefficient multiplicateur	À partir d'un taux de variation
Obtenir un coefficient multiplicateur (CM)	CM = indice d'arrivée / indice de départ		CM = (TV / 100) + 1
Obtenir un taux de variation (TV)	TV = [(indice d'arrivée – indice de départ) / indice de départ] × 100	TV = (CM – 1) × 100	
Obtenir un indice		Indice = CM × 100	Indice = [(TV / 100) + 1] × 100

Exercices

EXERCICE 1 Savoir lire et interpréter un indice simple

Évolution du nombre moyen d'écrans permettant de regarder des vidéos			
Année	2012	2014	2017
Nombre moyen d'écrans par foyer	4,8	5,4	5,5
Indice du nombre d'écrans par foyer	100	112	114

Source : d'après CSA, Observatoire de l'équipement audiovisuel des foyers de France métropolitaine, 2017.

1. **Lire.** Rédigez une phrase avec la donnée entourée.
2. **Lire.** Quelle est la variation du nombre d'écrans par famille entre 2012 et 2017 ?
3. **Expliquer.** Que signifie un indice supérieur à 100 ? inférieur à 100 ?

EXERCICE 2 Savoir calculer, lire et interpréter un indice simple

Évolution du SMIC* mensuel (brut)									
Année	2010	2011	2012	2013	2014	2015	2016	2017	2018
Montant du SMIC mensuel (en €)	1 343,7	1 365	1 398,3	1 430,2	1 445,3	1 457,5	1 466,6	1 480,2	...
Indice du SMIC mensuel	100	...	104,0	...	...	108,4	109,1	110,1	111,5

* Le SMIC (salaire minimum interprofessionnel de croissance), ou salaire minimum, est le salaire en dessous duquel un employeur ne peut pas rémunérer un travailleur en France. Champ : France, hors Mayotte.

Source : Insee, 2017.

1. **Calculer.** Recopiez et complétez le tableau.
2. **Lire.** Rédigez une phrase avec l'indice du SMIC en 2013.
3. **Lire.** Quelle est l'augmentation du SMIC entre 2010 et 2018 ?
4. **Analyser.** Peut-on calculer la hausse du SMIC entre 2013 et 2014 ?

EXERCICE 3 Savoir lire et interpréter un indice synthétique

Indice des prix* à la consommation (IPC) en France (2014 = base 100)										
Année	1998	2000	2002	2004	2006	2008	2010	2012	2014	2016
IPC	78,2	79,9	82,8	86,3	89,3	93,2	94,7	98,6	100	100,2

*L'indice des prix est un indice synthétique car il repose sur l'évolution des prix d'une multitude de biens et de services.

Source : OCDE, 2018.

1. **Lire.** Rédigez une phrase à partir de la donnée entourée.
2. **Calculer.** Quelle est l'évolution des prix entre 2014 et 2016 ? Rédigez une phrase avec la donnée obtenue.
3. **Calculer.** Comment obtenir un taux de variation à partir d'un indice ?

SAVOIR-FAIRE

FICHE 11

Lire, calculer et interpréter des moyennes et des médianes

1 Qu'est-ce qu'une moyenne arithmétique simple ?

Une **moyenne arithmétique simple** est un indicateur de dispersion qui permet d'étudier simplement les valeurs d'une série statistique.

Comment calculer une moyenne arithmétique simple ?

Formule $$\text{Moyenne arithmétique simple} = \frac{\text{somme des valeurs observées}}{\text{quantité de valeurs observées}}$$

Exemple

Notes obtenues en SES par un élève au cours des deux premiers trimestres		
	Notes de l'élève	Note moyenne de l'élève
Au premier trimestre	12, 14, 12, 16, 18 = 5 notes	(12 + 14 + 12 + 16 + 18) / 5 = 14,4

Comment lire et interpréter une moyenne arithmétique simple ?

Exemple

Salaire annuel moyen brut en France et dans l'Union européenne en 2016	
France	39 300 €
Union européenne	35 200 €

Champ : salaire en équivalent temps plein, dans l'industrie, la construction et les services marchands (entreprises de 10 salariés ou plus).

Source : Insee, *France, portrait social*, 2017.

Lire. En France, les travailleurs gagnent en moyenne 39 300 € par an (soit environ 3 275 € par mois), alors que, dans l'ensemble de l'Union européenne, les travailleurs gagnent en moyenne 35 200 € par an (soit environ 2 934 € par mois). L'unité reste inchangée (ici, en euros par mois).

Interpréter. La moyenne donne une information générale sur l'ensemble des salaires : sur l'ensemble des travailleurs en France, il existe des salaires plus élevés et des salaires plus faibles que le salaire annuel moyen. La moyenne cache donc de fortes disparités entre les valeurs observées.

2 Qu'est-ce qu'une moyenne arithmétique pondérée ?

La **moyenne arithmétique pondérée** est une moyenne dans laquelle le « poids » de chacune des valeurs observées dépend d'un coefficient.

Comment calculer et lire une moyenne arithmétique pondérée ?

Formule $$\text{Moyenne arithmétique pondérée} = \frac{\text{valeur 1} \times \text{coefficient} + \text{valeur 2} \times \text{coefficient} + \ldots}{\text{somme des coefficients}}$$

Exemple

Notes obtenues par un élève aux épreuves du baccalauréat en classe de Terminale			
	Coefficient	Note	Note x coefficient
Philosophie	8	12	96
Épreuve orale terminale	10	14	140
Mathématiques	16	16	256
SES	16	18	288

Lire. La **moyenne simple** de cet élève au baccalauréat est de : (12 + 14 + 16 + 18) / 4 = 15
La **moyenne pondérée** de cet élève au baccalauréat est de : (96 + 140 + 256 + 288) / (8 + 10 + 16 + 16) = 780 / 50 = 15,6

Interpréter. La moyenne pondérée accorde plus de « poids » aux notes assorties d'un coefficient élevé ; inversement, un poids moindre est accordé aux notes assorties d'un coefficient plus faible.

3 Qu'est-ce qu'une médiane ?

La **médiane** correspond à la valeur qui sépare une suite de données en deux parties égales (lorsque ces données sont classées dans un ordre croissant ou décroissant). Si le nombre de données est pair, on obtient la médiane en calculant la moyenne des deux valeurs centrales.

Exemple

Revenu mensuel médian selon le type de famille en 2015	
	Revenu mensuel médian
Personnes seules	1 538 €
Familles monoparentales	2 061 €
Couples sans enfant	2 981 €
Couples avec enfants	3 766 €
Ensemble	2 503 €

Sources : Insee, calculs *Alternatives économiques* /Centre d'observation de la société.

Lire. En France en 2015, 50 % des personnes seules ont un revenu inférieur à 1 538 € par mois (donc 50 % des personnes seules ont un revenu supérieur à 1 538 € par mois). 50 % des familles monoparentales ont un revenu inférieur à 2 061 € par mois.

Ne pas confondre moyenne et médiane

Lors du calcul de la moyenne, la hausse (ou la baisse) des valeurs extrêmes (les plus élevées ou les plus basses) influe sur le calcul de la moyenne à la hausse (ou à la baisse). À l'inverse, le calcul de la médiane n'est pas influencé par les variations des valeurs situées aux extrêmes.

Exercices

EXERCICE 1 Calculer, lire et interpréter des moyennes simples et pondérées

Notes obtenues par une élève de seconde au dernier trimestre				
Matières		Type de devoir		
		Devoir sur table	Devoir maison	Devoir commun
SES	Coefficient	2	0,5	3
	Note obtenue par l'élève	14	15	17

1. Calculer. Calculez la moyenne simple de cette élève en sciences économiques et sociales.
2. Calculer. Calculez la moyenne pondérée de cette élève en sciences économiques et sociales.
3. Expliquer. Expliquez la différence de résultat obtenue entre la moyenne simple et la moyenne pondérée des notes de SES.

EXERCICE 2 Lire et interpréter des médianes

Salaire brut annuel moyen en 2014 (en €)			
	Hommes	Femmes	Ensemble
Salaire moyen	38 320	31 440	35 480
Salaire médian	29 910	25 930	28 210

Champ : France (hors Mayotte) ; sont exclus les apprentis, les stagiaires, les salariés agricoles et les salariés des particuliers employeurs.

Source : Insee, Dads, 2011.

1. Calculer. Calculez le salaire mensuel moyen de l'ensemble des actifs.
2. Calculer. À l'aide d'un calcul d'un coefficient multiplicateur (➡ *Fiche savoir-faire 9*), calculez l'écart entre le salaire brut annuel moyen des hommes et le salaire brut annuel médian des hommes.
3. Calculer. Faites de même pour le salaire brut annuel moyen des femmes et le salaire brut annuel médian des femmes.
4. Analyser. Selon vous, comment s'explique l'écart constaté aux questions précédentes ?

SAVOIR-FAIRE

FICHE 12

Lire et interpréter des valeurs réelles et nominales

1 Pourquoi distinguer valeur réelle et valeur nominale ?

En économie, on distingue **valeur nominale** et **valeur réelle** d'une même variable. Par exemple, la valeur du salaire indiquée sur la fiche de paie (sa valeur dite nominale) ne correspond pas forcément à sa valeur réelle. En effet, si les prix ont augmenté, alors que le salaire est resté le même ou n'a que peu augmenté, le « pouvoir d'achat » du salaire a diminué. Pour connaître la valeur réelle du salaire, il faut donc « déflater » le salaire nominal (c'est-à-dire enlever l'effet de la hausse des prix).

2 Comment calculer une valeur réelle à partir d'une valeur nominale (et inversement) ?

Formules Valeur réelle = (valeur nominale / indice des prix) × 100
Valeur nominale = (valeur réelle / 100) × indice des prix

Note : l'indice des prix (➥ ***Fiche savoir-faire 10***)

Exemple

Valeurs réelle et nominale du salaire d'un travailleur		
Année	2020	2021
Valeur nominale du salaire (en € par mois)	2 000	2 000
Indice des prix	100	105
Valeur réelle du salaire (en € par mois)	2 000	(2 000 / 105) × 100 = 1 904

3 Comment lire et interpréter la différence entre valeur réelle et valeur nominale ?

Exemple En 2020, le travailleur gagne un salaire de 2 000 € par mois. Entre 2020 et 2021, le salaire nominal de ce travailleur n'a pas changé : sur sa fiche de paye, le salaire est le même (2 000 €). Toutefois, les prix ont augmenté : l'indice des prix passe de 100 en 2020 à 105 en 2021, soit une hausse de 5 % des prix en un an.

Lire. Le salaire de ce travailleur, pourtant inchangé « sur le papier », est-il réellement le même ? La valeur réelle de ce salaire (1 904 €) nous indique que ce dernier a baissé (2 000 € à 1 904 €). En effet, si les prix ont augmenté, gagner le même salaire permet d'acheter moins en 2021 qu'en 2020 : le pouvoir d'achat de ce travailleur a diminué entre 2020 et 2021.

Interpréter. Si les prix augmentent, la valeur nominale est supérieure à la valeur réelle.
Si les prix baissent, la valeur nominale est inférieure à la valeur réelle.

4 Vocabulaire

Sont synonymes les expressions suivantes
exprimer la valeur réelle d'une variable
exprimer la variable en volume
exprimer la variable en euros constants
exprimer la variable aux prix de l'année de base
variable déflatée

Sont synonymes les expressions suivantes
exprimer la valeur nominale d'une variable
exprimer la variable en valeur
exprimer la variable en euros courants
exprimer la variable aux prix de l'année en cours
variable non déflatée

Exercices

EXERCICE 1 Savoir lire et interpréter la différence entre valeur réelle et valeur nominale

Évolution de la consommation mensuelle d'une famille				
Année	2019	2020	2021	2022
Valeur nominale de la consommation mensuelle	800	900	1 050	1 200
Indice des prix	100	110	113	120
Valeur réelle de la consommation mensuelle	800	818	929	1 000

1. **Lire.** Quelle est la valeur réelle de la consommation de cette famille en 2019 ?
2. **Lire.** Quelle est la valeur nominale de la consommation de cette famille en 2021 ?
3. **Lire.** Quelle est la consommation en volume de cette famille en 2020 ?
4. **Lire.** Quelle est la consommation en euros courants de cette famille en 2022 ?
5. **Lire.** Quelle est la valeur non déflatée de la consommation de cette famille en 2020 ?
6. **Analyser.** Rédigez une phrase avec les trois données de la dernière colonne.

EXERCICE 2 Savoir calculer, lire et interpréter valeurs réelle et nominale

Évolution du PIB de la France en valeur réelle et en valeur nominale (en milliards d'euros)									
Année	2009	2010	2011	2012	2013	2014	2015	2016	2017
PIB nominal	1 936,4	1 995,3	2 058,4	2 088,8	2 117,2	2 149,8	...	2 228,6	2 291,7
Indice des prix	95,6	96,6	97,5	...	99,4	100	101,1	101,3	102,0
PIB réel	...	2 065,3	...	2 117,2	2 129,4	2 149,8	2 173,7	2 199,1	...

Source : Insee, Comptes nationaux, base 2014.

1. **Calculer.** Donnez la formule qui permet d'obtenir une variable exprimée en volume à partir d'une variable exprimée en valeur.
2. **Calculer.** Recopiez et complétez le tableau à l'aide de calculs.
3. **Lire.** Quel est le PIB français en volume en 2017 ?
4. **Calculer.** Y a-t-il eu une augmentation des prix entre 2014 et 2016 ? Prouvez votre réponse à l'aide d'un calcul de variation approprié. (➥ *Fiche savoir-faire 9*)
5. **Analyser.** Que signifie un PIB nominal plus élevé que le PIB réel ?

EXERCICE 3 Savoir calculer, lire et interpréter valeurs réelle et nominale

Évolution du PIB réel et nominal de l'Union européenne (à 28) en indice (base 100 = 2006)						
Année	2006	2008	2010	2012	2014	2016
PIB nominal	100	107	105	110	114	121
PIB réel	100	104	...	103	104	109

Source : Eurostat, 2018.

Indiquez si les affirmations suivantes sont vraies ou fausses, et justifiez vos réponses.

a. La formule permettant d'obtenir une variable exprimée à prix constants à partir d'une variable exprimée à prix courants est : (variable exprimée à prix courants / 100) × indice des prix = variable exprimée à prix constants

b. Le PIB en valeur de l'UE à 28 pays a augmenté de 4 % entre 2006 et 2008.

c. Si l'indice des prix vaut 100 en 2006, et 103 en 2010, le PIB réel de l'UE à 28 en 2010 vaut 102.

d. Les prix ont augmenté de 11 % entre 2006 et 2016.

e. Le PIB exprimé en valeur a plus augmenté que le PIB en volume entre 2006 et 2016.

LEXIQUE

A

Allocation efficace des ressources rares : choix rationnel que doit faire un individu entre différentes utilisations de ressources dont il dispose en quantités limitées.

B

Bénéfice : gains (ou pertes) réalisés par l'entreprise à l'issue de la production.

C

Capabilités : créé par l'économiste indien Amartya Sen (« prix Nobel » d'économie en 1998), ce terme recouvre les possibilités qu'un individu a d'effectuer certaines tâches ou actions.

Capital humain : ensemble des savoirs et des compétences accumulées par l'individu et qui le rendent plus productif.

Capital : ensemble des biens et services nécessaires pour produire. Il se compose du capital circulant (les biens et services incorporés dans le processus productif) et du capital fixe (les biens d'équipement).

Causalité : lien de cause à effet établi entre deux variables.

Chiffre d'affaires : revenu obtenu par la vente de la production.

Chômage : situation d'un individu qui souhaite travailler, est disponible pour occuper un emploi mais ne trouve pas de travail.

Combinaison productive : quantité de travail et de capital utilisé pour produire.

Consommations intermédiaires : biens et services incorporés ou détruits lors du processus de production.

Corrélation : lien statistique observable entre deux variables.

Courbe d'offre : représentation graphique de l'ensemble des combinaisons possibles entre le prix d'une marchandise et les quantités offertes.

Courbe de demande : représentation graphique de l'ensemble des combinaisons possibles entre le prix d'une marchandise et les quantités demandées.

Croissance économique : augmentation durable de l'activité économique d'un pays.

D

Demande : ensemble des acheteurs présents sur le marché.

Don : échange de biens ou de services sans contrepartie immédiate.

E

Économie sociale et solidaire (ESS) : organisations privées qui produisent des biens et des services dans une logique de solidarité et d'utilité sociale (associations, mutuelles, coopératives et fondations).

Emploi : activité professionnelle rémunérée et déclarée qui donne accès à un revenu et à des droits sociaux.

Enquête : ensemble des dispositifs mis en œuvre par le sociologue pour recueillir des données.

État : institution qui, selon Max Weber, exerce au sein d'un territoire donné le monopole de la contrainte considérée comme légitime sur la population.

F

Facteur de production : ressources nécessaires pour produire.

Fait économique : activité qui concerne la production ou l'utilisation d'une richesse.

Fait politique : activité ayant un rapport avec le pouvoir politique.

Fait social : activité révélant la manière dont les individus se comportent dans la société.

G

Genre : processus par lequel la société construit la différence entre le féminin et le masculin et conduit à la valorisation du masculin par rapport au féminin.

Groupe de pairs : ensemble de personnes présentant des éléments communs avec un individu (âge, préoccupations…).

I

Instances de socialisation : les personnes ou institutions qui participent à la transmission des valeurs et des normes.

M

Marché des biens et services : lieu de rencontre fictif ou réel entre les demandeurs de biens et de services et les offreurs de biens et de services.

Marché : lieu de rencontre fictif ou réel entre l'offre et la demande, qui sert à échanger des marchandises contre un prix.

Médias : ensemble des outils de diffusion massive de l'information (télé, radio, presse, livres, cinéma, internet…).

Milieu social : position d'un individu dans la société en fonction de sa profession, son niveau de revenu et son niveau de diplôme.

Mode de scrutin : règle adoptée lors d'une élection pour passer du décompte des voix à la désignation des élus.

Modèle : représentation simplifiée de la réalité afin de l'expliquer. L'économiste le construit pour proposer une explication des choix que font les individus.

N

Normes : règles de conduite en usage dans un groupe ou une société.

O

Offre : ensemble des vendeurs présents sur le marché.

P

Parti politique : organisation dont les membres se réunissent autour d'idées ou d'intérêts communs et qui cherche à exercer le pouvoir politique.

Pouvoir exécutif : pouvoir chargé de mettre en œuvre la loi et de conduire la politique de la Nation.

Pouvoir judiciaire : pouvoir chargé de contrôler l'application de la loi et de trancher les conflits entre citoyens.

Pouvoir législatif : pouvoir chargé de la rédaction et de l'adoption des lois.

Pouvoir politique : capacité d'imposer des règles à l'ensemble d'une société dans une diversité de domaines.

Pouvoir : capacité d'imposer sa volonté à une autre personne ou à un groupe de personnes.

Prix d'équilibre : prix qui satisfait à la fois l'offre et la demande.

Prix : valeur d'une marchandise fixée par le marché.

Production (au sens économique) : activité socialement organisée, destinée à créer des biens et des services.

Production marchande : production vendue sur un marché contre un prix.

Production non marchande : production fournie gratuitement ou à un prix inférieur à 50 % du coût de production.

Produit intérieur brut (PIB) : indicateur mesurant la richesse, c'est-à-dire la quantité de biens et de services produits sur un territoire au cours d'une année.

Q

Qualification : ensemble des compétences professionnelles requises pour un emploi.

Quantité d'équilibre : nombre de marchandises échangées, qui satisfait à la fois l'offre et la demande.

R

Ressources naturelles : richesses issues de la nature, renouvelables ou épuisables.

Rôle : comportement attendu en fonction du statut occupé.

S

Salaire : rémunération perçue par un salarié en échange de son travail.

Science économique : science qui étudie comment les richesses sont produites, réparties et utilisées dans une société

Science politique : science qui étudie comment se conquiert et s'exerce le pouvoir politique.

Scrutin majoritaire : règle selon laquelle l'ensemble d'une circonscription est représenté par le candidat ou la liste ayant obtenu la majorité des suffrages exprimés.

Scrutin mixte : règle de désignation des élus impliquant une part de majoritaire et une part de proportionnelle.

Scrutin proportionnel : règle selon laquelle, dans une circonscription, chaque liste obtient un nombre de sièges proportionnel à son nombre de voix.

Séparation des pouvoirs : principe fondateur des démocraties modernes selon lequel les trois pouvoirs (exécutif, législatif, judiciaire) doivent être exercés par des instances ou institutions distinctes.

Socialisation différenciée : processus par lequel les normes et les valeurs transmises varient en fonction d'une situation (comme le genre) ou d'un environnement (comme le milieu social).

Socialisation : processus d'intériorisation des valeurs et normes sociales qui permet à l'individu de former son identité sociale et facilite son intégration à la société.

Société civile organisée : ensemble des rassemblements structurés de citoyens, notamment les associations et les organisations syndicales et patronales.

Sociologie : science qui étudie la manière dont les individus et les groupes se comportent dans la société.

Statut : position sociale occupée dans un domaine de la vie sociale.

Subvention : aide financière versée par les administrations publiques à des entreprises, des associations, etc. Elle favorise l'échange d'une marchandise en diminuant son prix pour le demandeur. Par exemple, l'État verse une prime pour l'achat d'une voiture électrique.

T

Taux de chômage : part de la population active qui est au chômage. La population active comprend l'ensemble des personnes en âge de travailler qui ont un emploi ou qui cherchent un emploi.

Taxe carbone : impôt prélevé sur le prix d'une marchandise dont la production émet du CO_2. Son but est de limiter les quantités échangées et donc la pollution.

Technologie : ensemble des innovations permettant d'améliorer l'utilisation des facteurs de production.

Travail : ensemble des activités humaines permettant la production.

V

Valeur ajoutée : richesse effective créée par l'entreprise lors du processus de production. C'est la différence entre chiffre d'affaires et consommations intermédiaires.

Valeurs : principes qui orientent l'action des individus (liberté, égalité…). Elles sont à l'origine des normes.

INDEX

En violet : les mots clés à maîtriser

Direction éditoriale : Marion Martin-Suhamy
Édition : Françoise Lepage, Giulia Endrigo
assistées de Margaux Lidon
Direction artistique : Pierre Taillemite
Conception (couverture et intérieur) : David Bart
Réalisation : Domino
Iconographie : Chloé Williamson
Graphiques et schémas : Corédoc
Infographie : Valérie Baudrier
Photogravure : Irilys
Fabrication : Françoise Leroy

CRÉDITS PHOTOGRAPHIQUES

Couverture m g ... MysteryShot / ISTOCK
bas .... Filadendron / GETTY IMAGES France

10 g .... Ververidis Vasilis / Shutterstock
m .... Christian Petersen/Getty Images/AFP
d .... © Leah Klafczynski/TNS via ZUMA Wire / REA

11 ht g .... iStock / Getty Images Plus
ht m ...... Hungarian National Championship under 18. Rencontre entre Kaposvar et Gyor le 27 août 2011 à Kaposvar, Hongrie. ©muzsy / Shutterstock
bas g ..... Aude Alcover/Icon Sport

12 ht d .... Stéphane Compoint

14 ht d .... © FFT

16 ht g .... Xinhua/Li Ming / Rea
ht d .... Paul BOX/REPORT DIGITAL-REA
m g .... Ververidis Vasilis / SHUTTERSTOCK
m d .... Owen Franken - Corbis/Corbis via Getty Images

18 ht g .... akg-images / picture-alliance/ dpa
ht m ...... EFE/SIPA
m g .... Ian MacNicol/Getty Images/ AFP
m d .... Thearon W. Henderson/Getty Images/AFP

19 ht g .... Pascal Rossignol / REUTERS (Thomson-Reuters)

21 bas g ..... © La Découverte
bas d ..... 20th Century Fox / BBQ_DFY / Aurimages

24 bas g ..... Chad Troutwine Films/Cold Fusion/Green Film/Human Worldwide/Jigsaw Prod. / Prod DB / AllPix / Aurimages

26 ht g .... Stephan Coburn / ADOBE STOCK PHOTO / FOTOLIA
m m ...... Es sarawuth / SHUTTERSTOCK

27 m d .... rh2010 / ADOBE STOCK PHOTO
d .... www.1jour1actu.fr - Illustration de Jacques Azam / MILAN EDITION/PRESSE

28 ht g .... Xenotar / GETTY IMAGES France
ht d .... Logvinyuk Yulia / SHUTTERSTOCK
bas d ..... Kosamtu / GETTY IMAGES France

29 ht d, m g, m d, bas ... Direction de la communication de AP-HP

30 ht g .... ADOBE STOCK PHOTO / FOTOLIA
ht d .... Kiri / ADOBE STOCK PHOTO / FOTOLIA
m g .... Zhengzaishuru / SHUTTERSTOCK
m d .... Romanno / SHUTTERSTOCK

31 m g .... Atelier de Jean-Paul Gaultier le 1er juillet 2018 à Paris. Alain JOCARD / AFP
bas g ..... Olena Yakobchuk / SHUTTERSTOCK

36 m m ...... AFP

39 bas g ..... « Les entreprises libérées » de Simmat & Bercovici,© Éditions des Arènes Paris, 2016
bas d .... Concours Créons-Ensemble / Académie de Bordeaux

44 g .... Plasic Oceans Ltd. / BBQ_DFY / Aurimages

46 bas d ..... Jack Chan/Xinhua//REA

48 g .... Lembi / SHUTTERSTOCK
ht d .... Hamilton / REA
m d .... 3eme Plan Marseille Emploi, le 24/10/2013. ©Romain Beurrier / REA

57 bas g ..... Paramount Pictures / BBQ_ DFY / Aurimages
bas d ..... © SEUIL-DELCOURT, 2018

62 m g .... Arte Editions / Zadig productions

65 ht g .... Laboratoires de l'Egalité
bas g, d . © Goliath

66 ht g .... stockstudioX / GETTY IMAGES France
ht m ...... Producer / ADOBE STOCK
m m ...... Frans Lemmens /Alamy/ PHOTO12
ht d .... Peter Menzel/COSMOS
m d .... Yurakrasil/SHUTTERSTOCK

67 bas g ..... Toute la socio en BD vol. 1 de C. Fumat et M. Hopsie, Coédition La Boîte à Bulles - Belin, 2018

69 ht d .... Iordani / SHUTTERSTOCK

71 ht d .... Ben Molyneux People / ALAMY / PHOTO12.COM

75 bas g ..... Stéphane Beaud, «La France des Belhoumi», Editions La Découverte
bas d ..... P.A.S. Productions/Cine@ / BBQ_DFY / Aurimages

80 m .... Electric City Entertainment / BBQ_DFY / Aurimages

82 m g .... Mark Reinstein/ SHUTTERSTOCK
m d .... JStone/SHUTTERSTOCK

83 ht d .... Erich Lessing/AKG-Images
bas g .... Manifestation de gilets jaunes, Bordeaux, 01/12/2018 - NICOLAS TUCAT / AFP ;
ht g ...... Frederic Cirou/PhotoAlto/ PHOTONONSTOP

84 ht g ...... Frederic Cirou/PhotoAlto/ PHOTONONSTOP
ht m ..... Le maire de Montpellier Philippe Saurel, le 11/11/2017 à Montpellier - Alain ROBERT/ SIPA
ht d ...... Sigrid Olsson/PhotoAlto / PHOTONONSTOP

85 ht g ...... © Editions DELCOURT, 2016
ht d .... © Editions Glénat 2017
m d .... © 1964, Joaquin S. Lavado (Quino)/Caminito S.a.s. Literary Agency

90 ht g .... J. Howard Miller
ht m ..... Laboratoire de l'égalité
ht d .... CGT
m .... Manifestation du 01/05/2016 à Bordeaux. © G. Gobet / AFP

93 bas g ..... © Slot Machine / BBQ_DFY / Aurimages
bas d ..... © Glénat, 2017

98 m .... Canal+ / BBQ_DFY / Aurimages

100 m .... Skynesher / GETTY IMAGES France

101 ht d ...... HUBERT BLATZ

102 ht g ...... Rawpixel.com / SHUTTERSTOCK
ht d ...... Youngoldman / GETTY IMAGES France
bas g .... Bjones27 / GETTY IMAGES France
bas g .... Opération de contrôle des titres de transports a la gare multimodale de Pessac le 21/01/2016. © Sébastien Ortola/REA

108 ht .... Pondichéry. Inde. Décembre 2018. ©CatherineLProd / SHUTTERSTOCK

111 bas g .... © Éditions La Découverte

115 ht .... © ministère du Travail

116 m .... Les Films du Parotier/Agat Films & Cie / BBQ_DFY / Aurimages

N° éditeur 10257424 - Imprimé en Italie - Août 2019